Bruno Bernhard

Österreich-Ungarns Zettelbankinstitut und seine Beziehungen zu den Geld- und Valutaverhältnissen der Monarchie

Bruno Bernhard

Österreich-Ungarns Zettelbankinstitut und seine Beziehungen zu den Geld- und Valutaverhältnissen der Monarchie

ISBN/EAN: 9783743304543

Hergestellt in Europa, USA, Kanada, Australien, Japan

Cover: Foto ©ninafisch / pixelio.de

Manufactured and distributed by brebook publishing software (www.brebook.com)

Bruno Bernhard

Österreich-Ungarns Zettelbankinstitut und seine Beziehungen zu den Geld- und Valutaverhältnissen der Monarchie

Österreich-Ungarns Zettelbankinstitut

und seine Beziehungen zu den

Geld- und Valutaverhältnissen der Monarchie.

Inaugural-Dissertation

verfasst und der

Hohen rechts- und staatswissenschaftlichen Fakultät

der

Kgl. Bayer. Julius-Maximilians-Universität Würzburg

zur

Erlangung der staatswissenschaftlichen Doctorwürde

vorgelegt von

Bruno Bernhard
aus Goldberg i. Schl.

Berlin 1899.
Max Günther.

Seiner lieben Mutter

in kindlicher Dankbarkeit und Verehrung

gewidmet

vom Verfasser.

Inhalt.

		Seite
Einleitung		7
§ 1.	Geschichtlicher Ueberblick	8
§ 2.	Verhältnis der Bank zum Staat	10
§ 3.	Banknotenpolitik.	
	a) Notenbedeckung	12
	b) Staatspapiergeldausgabe und Agio	25
	c) Notencontingentierung	32
§ 4.	Discontopolitik	34
§ 5.	Golderwerb	47
§ 6.	Clearing- und Giroverkehr	51
§ 7.	Aufnahme der Barzahlungen	57

Einleitung.

Will man heutzutage eine Geschichte des Geldwesens schreiben, so kann man sich nicht allein auf eine Darstellung der Entwickelung des Metallgeldes beschränken, man hat vielmehr ein ganz besonderes Kapitel auch den einer höheren Entwickelungsstufe der Volkswirtschaft angehörenden Werkzeugen des Umsatzverkehrs, den Geldsurrogaten oder dem Kreditgeld zu widmen, das im Grossverkehr schon seit geraumer Zeit wohl die erste Rolle spielt, wenngleich zugegeben werden muss, dass man im internationalen Verkehr nicht in der Lage ist, gänzlich auf ein Metallgeld verzichten zu können. Von den Geldsurrogaten wie Anweisungen, Wechsel, Coupons, Banknoten und Staatspapiergeld sind es vornehmlich die beiden letzteren Arten, mit denen wir uns in vorliegender Arbeit zu beschäftigen haben werden, sind sie es doch gerade, welche, wenn man von Sätzen aus der Lehre oder von Ereignissen aus der Geschichte der Zettelbanken spricht, die engsten Beziehungen zu diesem Stoffe bieten.

So wenig wohl jemand ernstlich daran denken kann, den Banknoten und dem Staatspapiergeld die Existenzberechtigung, ja z. T. wirtschaftliche Unentbehrlichkeit abzusprechen, ebensosehr wird man das stets im Auge behalten müssen, dass die Circulation genannter Geldsurrogate an gewisse Voraussetzungen und Bedingungen gebunden ist, die erfüllt sein müssen, wenn nicht die auf dem Gebiete des Güterumlaufes so segensreiche Einrichtung zur Quelle unberechenbaren volkswirtschaftlichen Uebels werden soll.

Hierfür liefert ein Blick auf unseren Nachbarstaat Oesterreich-Ungarn und die Geschichte seines Geldwesens in seinem Gesamtbilde einen gar deutlichen Beweis.

§ I. Geschichtlicher Ueberblick.

Die Geschichte des Geldwesens dieses Staates ist seit Beginn dieses Jahrhunderts aufs engste verknüpft, man könnte fast sagen, identisch mit der jenes Institutes, das im Jahre 1816 als „privilegierte österreichische Nationalbank" gegründet, seit 1878 als „österreich-ungarische Bank" das ausschliessliche Recht der Banknotenemission ausübt und in seinen Entwickelungsphasen stark beeinflusst erscheint durch die Eingriffe, die die allgemeine Finanzlage Oesterreich-Ungarns in den naturgemässen Stand des Geldwesens des öfteren zu thun nötigte. Nicht dass sie durch allzu kärgliche Bemessung des Grundkapitals von vornherein sich der Möglichkeit einer gesunden Entwicklung entblösst gesehen hätte — die Höhe desselben war im Gegenteil für die Bedürfnisse ihres Verkehrsgebietes im Vergleich zu den benachbarten Grossstaaten fast überreichlich vorgesehen und liess sogar im Jahre 1868 eine Reduktion als erforderlich erscheinen — aber dieser Assecuranzfonds für die österreichische Notencirculation wurde durch das Dazwischentreten des Staates und seiner Appelle an den Kredit der Bank zu oft und anhaltend in Anspruch genommen, als dass er einen gesunden Einfluss auf die kreditliche Beurteilung der Papiergeldcirculation hätte gewährleisten und somit seiner eigentlichen Bestimmung ganz hätte dienen können.

Es kann hier der österreichischen Regierung der Vorwurf nicht erspart bleiben, dass sie, während es bei der verhältnismässig geringen Höhe der Defizite, die der ordentliche Etat in den ersten Jahren nach Gründung der Nationalbank aufwies, nur geringer Anstrengung bedurft hätte, durch Steuererhöhung oder Vermehrung der fundierten Schuld diese Defizite aus der Welt zu schaffen, stets durch Inanspruchnahme der Bankmittel zu dem Auswege der schwebenden Schuld griff und dieses für sie freilich recht bequeme Verhältnis in so vermehrter

Wiederholung erweiterte, dass in dem Zeitraum von 1818 bis 1847 die Vorschüsse der Bank von 10,5 Millionen Gulden C. M. auf eine Höhe von 126,8 Millionen anwuchsen. Grundes genug, dass der mächtige Gang der nun folgenden Sturmepoche einen widerstandsfähigen Boden nicht fand, vielmehr eine gesteigerte Inanspruchnahme des Bankkredits nötig machte. In dem politisch für den Kontinent so bedeutsamen Jahre 1848 erreichte die Schuld des Staates bei der Nationalbank die Höhe von nahezu 179 Millionen Gulden und bedingte durch die deshalb übermässig vermehrte Ausgabe von Banknoten die Proklamation des Zwangskurses und kurze Zeit darauf die Einstellung der Barzahlung. Ja, der Staat suchte sogar in seiner Not in dem Mittel der Ausgabe eigenen Papiergeldes sein Heil, ein Schritt, der zum Glück bald wieder durch Einziehung und Ersetzung durch Banknoten gut gemacht wurde. Parallel hiermit liefen ernste Anstrengungen zur Abtragung der Schuld und die Erfolge in diesen redlichen Bestrebungen gipfelten in der Ende 1858 erfolgten Wiederaufnahme der Barzahlungen, deren Tage freilich gezählt waren. Der bekannte Neujahrsgruss Napoleons und der Ausbruch des italienischen Krieges und die damit erscheinenden monetären Anforderungen an die Staatskasse gaben die Veranlassung, dass das Schuldverhältnis des Staates zur Bank eine Verschlechterung um weitere 120 Millionen Gulden erfuhr und schon am 11. April 1859 durch allerhöchste Entschliessung die Bank wiederum der Pflicht der Barzahlung enthoben wurde.

Damit war wieder alle Hoffnung auf geregelte Valutaverhältnisse auf Jahre hinaus vernichtet, wenngleich man nicht verzweifelt die Hände in den Schoss legte, sondern sich bald nach Eintritt des politischen Friedens, namentlich durch die im Jahre 1862 erfolgten Gesetzesaktionen, an die Herstellung einer gesunden Ordnung des Geldwesens machte. Anfang des Jahres 1866 sah man sich dem erwünschten Ziele, der Aufnahme der Barzahlungen, sehr nahe, als das Hereinbrechen eines neuen Krieges, mit Preussen, die bisher gemachten Anstrengungen paralysierte und ihnen den Stempel der

Sisyphusarbeit aufdrückte. Es erfolgte nunmehr mit Umgehung des Bankgesetzes eine direkte Zettelemission des Staates und damit jene ungebührliche Ausdehnung der Zirkulationsmittel, unter deren Folgen das österreich-ungarische Geldwesen bis zum heutigen Tage leidet. Gerade letztere Massnahme der Staatspapiergeldausgabe ist an Bedeutung jeder anderen aus der Geschichte des österreich-ungarischen Geldumlaufes weit überlegen, bildet sie doch den Beginn einer bis zum heutigen Tage reichenden Epoche, in der die Bank auf Grund ihrer Verpflichtung, die Staatsnoten an Zahlungsstatt anzunehmen, wie Hertzka[1]) sagt, „indirekt Mitschuldnerin für die gesamte vom Staate ausgegebene Zettelmenge ist".

Mit diesem so überaus bedeutsamen Faktum schliessen wir unsere kurzen historischen Notizen, da die Folgezeit grundlegende Veränderungen von gleicher oder nur ähnlicher Bedeutung in der Geschichte der Bank und somit des Geldwesens der österreich-ungarischen Monarchie nicht zu verzeichnen hat, und behalten die Darlegung der geschichtlichen Momente, soweit sie, der späteren Zeit angehörig, einer Erwähnung bedürfen, für eine in die weiteren Betrachtungen einzuflechtende Behandlung vor.

Nunmehr sei uns gestattet, auf einzelne besonders scharf hervortretende Momente aus der langen Kette der aus den Valutaverhältnissen Oesterreichs für seine Central-Notenbank entspringenden Beeinflussungen näher einzugehen.

§ 2. Verhältnis der Bank zum Staat.

Aus dem voranstehenden kurzen geschichtlichen Ueberblick tritt am markantesten hervor, dass in erster Linie die missliche Gestaltung des Verhältnisses von Staat zu Centralnotenbank es ist, die zu der ungesunden, das Mark des ganzen volkswirtschaftlichen Lebens zersetzenden Entwickelung des Geldwesens der Monarchie den Grund legte. Angesichts dieser Thatsache entsteht

---

[1]) „Währung und Handel." Wien 1876.

nun die Frage, wen die Schuld an der Entstehung und Erhaltung dieses Missverhältnisses trifft. Wir glauben nicht fehlzugreifen, wenn wir Staat und Bank sich darein teilen lassen. So sehr sich letztere auch bemüht hat, diesen Anteil der Schuld von ihren Schultern abzuwälzen, man wird zu einem ganz freisprechenden Urteil für sie um so weniger gelangen können, als sie ja gerade kurz nach ihrer Gründung, um der nicht gewinnbringenden Verwendung der viel zu hohen Aktieneinlagen vorzubeugen, zur Anknüpfung lukrativer Geschäftsverbindung mit dem Staate die Initiative ergriff. Die hierzu eingeleiteten Unterhandlungen mit der Finanzverwaltung führten zu dem Uebereinkommen, durch welches die Einlösung der „Zettel Wiener Währung" dem vermittelnden Einfluss der Nationalbank übertragen wurde.

Mit dieser Geschäftsverbindung also gab die Bankverwaltung selbst den ersten Anlass zu dem Abhängigkeitsverhältnis, dessen späterem ungebührlichen Auswachsen in erster Linie die Immobilisierung der Bankactiva zugeschrieben werden muss. Man wird hier Zugschwerdt's[1]) Worte nur zu treffend finden müssen:

„Die im Jahre 1820 an der Spitze des Bankinstituts fungierende Direction trifft der Vorwurf mit vollem Recht, dass sie mit der Staatsverwaltung in ein Kreditverhältnis getreten ist, welches in seinem Entstehen schon den Keim, ja man kann sagen, die Wahrscheinlichkeit des Ruins dieser Institution in sich getragen hat".

Dem Staate andererseits wird man den Vorwurf nicht ersparen können, dass er sich bei Abschluss dieser Geschäfte mit der Bank zu wenig der im kaiserlichen Patent vom 1. Juni 1876 ausgesprochenen goldenen Worte erinnert hat, mit denen er sich jeder ferneren direkten Einwirkung auf die Geldverhältnisse der Monarchie zu enthalten gelobte. Schon aus Rücksicht auf die Möglichkeit einer damit für den Umlaufsmittelverkehr verbundenen Gefahr hätte der Staat sich grundsätzlich ab-

---

[1]) Das Bankwesen und die privilegierte österreichische Nationalbank. Wien 1855.

lehnend gegen eine Geschäftsverbindung mit der Zentralzettelbank verhalten müssen.

Wenn man daher, resumierend, namentlich angesichts der späteren so bedeutend gesteigerten Inanspruchnahme der Bankmittel von Seiten des Staates, letzterem die Hauptschuld wird zuschreiben müssen, so können wir uns doch wiederum nicht zu dem Standpunkt Max Wirths bekennen, der von einer Schuld der Bankverwaltung nichts wissen will, viel mehr ihrer zu aller Zeit und in jeder Beziehung musterhaften Gebahrung das Wort redet und einzig und allein der Regierung die Verantwortung für die traurigen Folgen der Geschäftsverbindung von Staat und Bank aufbürden möchte.

Das Bedenkliche an der Art jenes Geschäftes lag vor allem in dem Umstande offen zu Tage, dass sich die Bankverwaltung für die dem Staat geleisteten Vorschüsse mit der Verpfändung solcher Güter zufriedengestellt fühlte, deren Realisierbarkeit für den Fall einer Krise bezüglich der erforderlichen Schnelligkeit, ja Möglichkeit überhaupt, viel zu wünschen übrig liess und gesunden Geschäftsprinzipien einer Zettelbank völlig widersprach. Auf letzteren Punkt sei uns etwas näher einzugehen gestattet, da er nicht allein für die Geschichte der österreich-ungarischen Bank, sondern für die Lehre über Notenbanken überhaupt, von besonderer Bedeutung erscheint.

§ 3. Banknotenpolitik.

a) Notenbedeckung.

Gegenüber der volkswirtschaftlichen Zweckbestimmung aller Banken, Kapitalien zu sammeln, um sie dem Verkehre, wo er ihrer zur Befruchtung der Produktion bedarf, zuzuführen, und die Bildung neuer Kapitalien zu begünstigen, weisen Zettelbankinstitute im besonderen die Eigentümlichkeit auf, dass sie mit Hülfe der Zettel, die sie emittieren, Antizipation auf die zu schaffenden Kapitalien machen und damit der Volkswirtschaft einen nicht zu unterschätzenden Nutzen zu bringen im Stande sind. Wir finden dasselbe, nur in etwas veränderter Form, in der auf die Frage nach dem Zweck der Banknote vom XV. Kongress deutscher Volkswirte [1]) gegebenen Antwort ausgedrückt, die da lautet: „Die Banknote erfüllt in dem modernen Verkehre die Aufgabe: a) Zahlungen von grösserem Betrage und auf weitere Entfernung zu erleichtern, indem sie das Zählen und Versenden grösserer Metallbeträge entbehrlich macht, b) die Schwankungen in dem Bedarfe an Circulationsmitteln, die von Tag zu Tag eintreten, in schnellerer und wohlfeilerer Weise auszugleichen, als dies durch Ausdehnung und Verringerung des Metallschatzes möglich wäre."

In der hier unter b gekennzeichneten grossen wirtschaftlichen Bedeutung der Banknote finden wir die geeignetste Begründung ihrer Existenzberechtigung, freilich nicht, ohne besonders zu betonen, dass bei all dem Nutzen als oberste Vorbedingung die Unterhaltung eines ausreichenden Einlösungsfonds gefordert werden muss, mit Hülfe dessen das Emissionsinstitut seine von den Inhabern präsentierten Noten jederzeit und ohne Hindernis gegen klingende Münze einzulösen imstande ist.

Die Höhe dieses Einlösungsfonds ziffermässig zu normiren, ist eine Aufgabe, über die viel geschrieben und gestritten worden ist, deren vielseitigen Lösungen man aber nicht zu viel Gewicht beizulegen braucht. Heutzutage hat sich nun eine auf vieljähriger Erfahrung beruhende Praxis, die auch in den Statuten der meisten Zettelbanken zum Ausdruck kommt und sich bisher in der That überall als ausreichend erwiesen hat, herausgebildet, wonach ein Drittel der ausgegebenen Notensumme in Währungsmünze genüge, um die Solvenz der Bank in jedem gegebenen Momente zu gewährleisten, vorausgesetzt freilich, dass auch die Ausgabe der nicht metallisch bedeckten Noten Geschäften entspringe, die

---

[1]) Derselbe tagte im Jahre 1874 in Crefeld.

eine rasche und leichte Realisirung der Forderungen ermöglichen.

Eine derartige ziffermässige Norm war in den Gründungsstatuten der Verwaltung der österreichischen Nationalbank nicht gesetzt, vielmehr hatte sich die Regierung, im Vertrauen auf die Einsicht und Tüchtigkeit der leitenden Männer, im § 17 zu fordern begnügt, dass die Banknoten „auf jedesmaliges Verlangen des Ueberbringers sogleich in Konventionsmünze zu ihrem vollen Nennwerte auszubezahlen seien", und auch das Statut vom Jahre 1841 fügt dem nur hinzu: „Der Bankdirektion liegt daher ob, von Zeit zu Zeit ein solches Verhältnis der Notenemission zum Münzstande festzusetzen, welches die vollständige Erfüllung der Verpflichtung zu sichern geeignet ist."

So wenig wir uns auch für eine Bankpraxis erwärmen können, die nach dem toten Buchstaben irgendwelcher zahlenmässigen Deckungs- und Kontingentirungsbestimmungen das Notenprivileg ausübt — wir legen vielmehr besonderen Wert darauf, dass die Banknotenemission nur mit Rücksicht auf das Wechselverhältnis zwischen dem inneren und dem internationalen Geldmarkte und auf die Wechselkurse gehandhabt werden darf, — so liessen doch unserer Ansicht nach die in obige Form gefassten Statuten dem freien Ermessen der Bankleitung allzugrossen Spielraum, als dass sie für all und jede Zeit eine soliden Grundsätzen entspringende Gebahrung hätten verbürgen können. Wenn nichts anderes, so vermissen wir hier mindestens einen Passus, der sich über die Sicherheiten ausspricht, die für den Betrag der nicht metallisch bedeckten Noten gelten sollen.

Sehen wir nun einmal zu, ob das Gebahren der Bankverwaltung dem in sie und ihre Geschicklichkeit gesetzten Vertrauen entsprach und führen wir uns zu diesem Zweck zunächst einmal im Zahlenbilde vor Augen, wie sie das Verhältnis ihres Metallschatzes zur Notenzirkulation gestaltete:

Im Jahre	Münzvorrat	Banknotenumlauf	Verhältnis beider
1818	19 214 658	26 738 365	1 : 1,38
1819	33 061 150	43 786 915	1 : 1,33
1820	29 424 892	51 915 255	1 : 1,77
1821	18 423 054	34 827 785	1 : 1,89
1822	19 089 177	48 294 765	1 : 2,53
1823	15 508 766	51 028 596	1 : 3,29
1824	22 071 736	68 057 250	1 : 3,08
1825	19 012 266	82 110 710	1 : 4,32
1826	14 765 204	82 319 990	1 : 5,57
1827	20 050 084	87 363 065	1 : 4,36
1828	22 302 068	95 697 515	1 : 4,29
1829	21 868 261	107 563 540	1 : 4,91
1830	17 565 422	111 988 605	1 : 6,37
1831	12 781 745	123 929 640	1 : 9,70
1832	22 618 894	119 879 440	1 : 5,30
1833	31 843 940	125 063 915	1 : 3,93
1834	39 390 742	135 752 065	1 : 4,45
1835	34 649 685	151 160 675	1 : 4,36
1836	25 292 379	153 752 155	1 : 6,08
1837	31 805 643	146 172 870	1 : 4,60
1838	30 062 715	166 929 360	1 : 5,55
1839	23 413 242	166 558 875	1 : 7,10
1840	15 513 549	167 079 390	1 : 10,77
1841	39 939 706	166 601 755	1 : 4,17
1842	58 242 815	173 410 105	1 : 2,97
1843	67 345 719	179 386 560	1 : 2,66
1844	88 909 235	197 754 625	1 : 2,22
1845	95 153 949	214 760 790	1 : 2,26
1846	86 933 477	213 690 055	1 : 2,46
1847	70 240 569	218 971 125	1 : 3,12
1848	30 425 945	222 976 504	1 : 7,33

Die dem bereits angeführten Werke Hertzkas entnommenen, hier bis zum Jahre 1848 angeführten Aufstellungen, die im jährlichen Durchschnitt die Höhe des Banknotenumlaufes, des Münzvorrates und das Verhältnis beider zu einander wiedergeben, veranschaulichen deutlich die Bewegungen des Metallschatzes, die seit Gründung der Nationalbank in ihrem Verhältnis zum Notenumlauf eine stetig abnehmende Richtung einhalten, bis sie am Ende des Jahres 1831 mit einem Verhältnis von 1 : 9.70 eine durchaus unerfreuliche, ja geradezu bedenkliche Physiognomie zeigen. Zur Begründung dieser Thatsachen darf man sich nur die damaligen politischen Begebenheiten ins Gedächtnis zurückrufen und den gleichzeitigen Bankoperationen entgegenhalten, und man wird den Einfluss der ersteren auf letztere ausser Zweifel stellen müssen. Der Barvorrat war seit Ende 1830 bis Juni 1831 um 4,5 Millionen Gulden gesunken und der Notenumlauf hatte sich dessen ungeachtet auf 114,1 Millionen erhöht, ja am Schluss des Jahres war die Münze sogar auf 12,8 Millionen zusammengeschmolzen, die Notenmenge aber noch bis auf 123,9 Millionen gesteigert worden. „Man braucht kein Freund der Peel'schen und Overstone'schen Theorie zu sein", sagt A. Wagner,[1] „um doch eine solche Gebahrung eine wahrhaft horrible zu nennen". Wenn im Laufe der nun folgenden Jahre ein günstiger Umschwung zu verzeichnen ist, so ist dies weniger dem Verdienste der Bankleitung als vielmehr dem Umstande zuzuschreiben, dass die schnelle, glückliche Wendung der politischen Konjunkturen wie von selbst eine durchgängige Besserung auf wirtschaftlichen Gebieten hervorbrachte. Einem längeren Anhalten stürmischer Zeitverhältnisse wäre wohl die Bank völlig zum Opfer gefallen. Der Grund für diese Annahme liegt nicht allein in dem allzu geringen Betrage an vorhandener Münze, sondern, wie Wagner ausführt, in der Hauptsache darin, dass die Aktiva der Bank zum grössten Teile unrealisierbar waren, oder doch wenigstens ein rasches und leichtes Mobilisieren ausschlossen. Auf Grund des erwähnten, mit dem Staate geschlossenen Vertrages, wonach die Bank die Einlösung des Wiener Währungsgeldes übernommen und dafür teils verzinsliche, teils unverzinsliche, jedenfalls unveräusserliche Staatsschuldverschreibungen als Unterpfand entgegen genommen hatte, waren Ende 1830 51,5 Prozent, Ende

---

[1] „Die Herstellung der Nationalbank", Wien 1862.

1831 fast 80 Prozent des gesamten Notenumlaufes durchaus unbankmässig, nämlich nicht anders als durch die 112 Millionen betragende Staatsschuld gedeckt. Und um diesem allen soliden Grundsätzen einer Zettelbank hohnsprechenden Zustande die Krone aufzusetzen, hatte sich seit 1822 ein zweites, ebenso bedenkliches Geschäft dazu gesellt, demzufolge die Bank keinen Anstoss nahm, sogenannte Centralkassenanweisungen, die, vom Staate nach 3 Monaten zahlbar ausgestellt, nicht anderes als auf Blankokredit basierende Wechsel darstellten, zu eskomptieren. Diese bildeten, stets von 3 Monat zu 3 Monat prolongiert und in ihrem Betrage von Jahr zu Jahr gesteigert (1835 auf 30 Millionen, 1848 sogar auf 50 Millionen C. M.), eine abermalige dauernde Erhöhung der unrealisierbaren Schuld des Staates an die Bank. Angesichts dieser horriblen Zustände muss es wahrlich Wunder nehmen, dass diese, einem sträflichen Leichtsinn entspringende Verletzung der Grundsätze bankmässiger Deckung, nicht schon 1840 durch vollständigen Bankerott geahndet wurde, und wir können den Grund hierfür mit Wagner nur darin finden, dass damals das Barometer des auswärtigen Vertrauens in die österreichischen Geldverhältnisse eben noch nicht jenen niederen Stand aufzuweisen hatte, wie es später der Fall war, und dass alle oben gekennzeichneten bedenklichen Geschäftsoperationen des leitenden Geldinstitutes noch allgemeiner Notorietät entbehrten.[1]

Am Ende dieses Jahres 1840 finden wir zum Teil wieder infolge der Trübung politischer Verhältnisse die Bank kaum noch einen Schritt von der Einstellung der Barzahlung entfernt. Ihr Barvorrat war damals auf 15,5 Millionen zurückgegangen und das Verhältnis zum Notenumlauf wie 1 : 10,77. Zum Glück für die Bank ging parallel mit der baldigen Klärung des politischen Himmels eine bedeutende Besserung dieses Missverhältnisses wie überhaupt ein allgemeiner Aufschwung wirt-

---

[1] Die Verpflichtung der Bank zur monatlichen Publikation ihrer Ausweise wurde erst durch die Kaiserliche Verordnung vom 30. August 1858 ausgesprochen.

schaftlicher Thätigkeit, der bis zum Jahre 1846 anhaltend, inbezug auf die Nationalbank sowohl in einer bedeutenden Herabminderung der Staatsschuld (bis auf 104,6 Millionen), als auch in dem gesunden Verhältnis von Barschatz zu Banknotenumlauf acuten Ausdruck fand. Von diesem Zeitpunkt an freilich bereitet sich durch continuirliche Abnahme des Barvorrates und erneute Steigerung der Staatsschuld die Katastrophe von 1848 vor, zu welcher man den Keim schon lange vorher in der unverantwortlichen Festlegung der Bankaktiva sehen muss. Auf solchem Grundstein aufgebaut, war das Gebäude des Geldwesens dem Drange einer so anhaltenden, grossen politischen und merkantilen Krisis, wie sie das Jahr 1848 mit sich brachte, zu trotzen nicht imstande, sondern musste, einmal ins Schwanken geraten, unfehlbar dem Schicksal, zur Ruine zu werden, entgegen gehen.

Die Kassen der Nationalbank waren es wohl zuerst, die gleich einem äusserst empfindlichen Thermometer bei dem losgebrochenen Sturm der Revolution die bedenkliche Abnahme des allgemeinen Vertrauens anzeigten. Während der Bankausweis vom 29. 2. 1848, mit dessen Veröffentlichung man allen bösen Gerüchten und Besorgnissen bezüglich der Noteneinlösung die Spitze abzubrechen hoffte, — eine auf falschen Voraussetzungen aufgebaute und daher trügerische Hoffnung — bei einem Münzbetrage von 65 058 351 Gulden und einem Notenumlauf von 214 146 440 Gulden eine beunruhigende Physiognomie nicht aufwies, stellte sich das Verhältnis schon
am 28. 3. wie 1 : 4,
am 30. 5. wie 1 : 8,
am 30. 6. wie 1 : 9
und veranlasste den Finanzminister am 22. 5. den Zwangskurs zum vollen Nennwert zu dekretiren und die Barzahlung zeitweilig zu beschränken, nachdem schon am 1. 4. ein freilich wirkungsloses Silberausfuhrverbot erlassen worden war.

Es bedeuten letztere Massnahmen Schritte der Finanzverwaltung, die ihr gegenüber dem Sturme an den Verwechselungskassen und dem intensiven Begehr nach Silber wohl geboten schienen, von denen sie sich aber hätte eingestehen müssen, dass sie den Charakter von vorübergehender Insolvenzerklärung aus dem Grunde nicht haben konnten, weil man sich eben in der Unrealisierbarkeit des grössten Teiles der Bankaktiva des Mittels zur baldigen Besserung der Lage begeben sehen musste. Gerade im Hinblick auf diesen zu Tage liegenden Umstand hätte die Bankverwaltung Anlass nehmen müssen, schon viel früher, im März, als der intensive Silberabfluss die weitere Entwickelung der Dinge ausser Zweifel stellte, die Barzahlung zu sistieren; mit dieser Taktik hätte sie wenigstens vermieden, das für die österreichischen Armeen in Italien nötige Silber später mit so enormen Verlusten zurückkaufen zu müssen. Wäre die Bank nicht von so ausserordentlicher monetärer Schwäche gewesen, dann hätte sie vielleicht auch zu ihrer Rettung das Experiment mit Glück versuchen dürfen, mit Hülfe dessen z. B. die Bank von England im Jahre 1866 in wenigen Stunden das plötzlich geschwundene Vertrauen in ihre Solvabilität wieder herstellte, indem sie nämlich ihre Goldschleusen so weit wie möglich aufthat, und dadurch das panikartige „Bankrennen" zum Stocken brachte. Aber ein analoges Experiment gehörte für die österreichische Nationalbank ihres zwergartigen Barvorrates wegen zu den Unmöglichkeiten. Sichere Hülfe und Schutz in dieser Krisis hätte eben nur die bankmässige Deckung geboten und die mit ihr eng verknüpfte Möglichkeit, mittelst Einkassierung von Ausständen eine grössere Menge Noten aus dem Verkehre zu ziehen.

Man braucht, scheint uns, nur einen vergleichenden Blick auf die Lage der Bank von Frankreich zu werfen, die unter derselben Ungunst der stürmischen Zeitverhältnisse ebensosehr, ja noch mehr zu leiden hatte und doch dank der richtigen Politik inbezug auf die Anlage ihrer Aktiva mit einer zeitweiligen Einstellung der Barzahlung Erfolg hatte, und man wird von der Richtigkeit der Grundsätze bankmässiger Deckung und der Haltlosigkeit der diesbezüglichen damaligen Zustände in Oesterreich überzeugt sein.

Es ist nun einmal jede Notenbank, da die stete Einlösbarkeit ihrer Zettel die Grundbedingung für die wirtschaftliche Berechtigung ihrer Existenz bildet, in der Auswahl jener Credite, welche sie in Noten umwandelt, an eine besondere Sorgfalt gebunden oder sollte sich, besser gesagt, gebunden fühlen. Die österreichische Nationalbank aber hat in mehr als einer Hinsicht gegen dieses Postulat gesündigt. Sie hat nicht nur dem Staate gegenüber sich allzu nachgiebig in der Creditbewilligung und mit unrealisierbaren Unterlagen befriedigt gezeigt, sondern hat auch inbezug auf die Ausdehnung ihres privaten Lombardgeschäftes im Verhältnis zu ihren andern Geschäftszweigen jene Rücksichten nicht walten lassen, die unumgänglich erforderlich erscheinen, wenn der solide Character einer Notenbank gesichert sein soll. Dieser Vorwurf trifft die Bankverwaltung nicht allein in jener Zeit, von der wir eben sprachen, sondern hat seine Giltigkeit bis in die 60er Jahre hinein. Man betrachte nur den Bankausweis vom 30. 3. 1858, in dem das Escompt-Conto mit 72 063 862 fl. und das Lombard-Conto mit 79 824 300 fl. aufgeführt ist, und man wird sich nicht verhehlen können, dass ein derartiges Verhältnis den Anforderungen an solide Zettelbanken zuwiderläuft. Denn „die Ausgabe von Noten zur Belehnung von Wertpapieren, das sogenannte Lombardgeschäft, sagt Alex. D o r n [1]) ist nicht die eigentliche naturgemässe Aufgabe einer Zettelbank, aber sie kann unbedenklich nebenher gehen, und schliesst, wenn sie mit der nötigen Vorsicht geübt wird und innerhalb der entsprechend bescheidenen Grenzen bleibt, keinerlei Gefahr für die Solvenz der Bank in sich". Gerade die Ausserachtlassung der hier ausgesprochenen „nötigen Vorsicht" und „der entsprechend bescheidenen Grenzen" bildet den Gegenstand unseres, auf Grund des angeführten Ausweises wohl berechtigten, Tadels gegen die Nationalbank. Mit dem in vorstehenden Zahlen gekennzeichneten „Poussiren" des Lombardgeschäftes hat sie den Beweis geliefert, dass ihre Leiter den privatwirtschaftlichen Character des Instituts allzusehr in den Vordergrund treten liessen, anstatt den Interessen der Allgemeinheit, die in einer gesunden Geldcirculation culminieren, in ihrer Politik den Vortritt einzuräumen.

---

[1]) „Die Erneuerung des Bankprivilegiums". Wien 1886.

Zum Glück haben sich seit Anfang der 60er Jahre unter dem bewährten Régime des Finanzministers Plener, in dieser Beziehung entgegengesetzte Grundsätze Bahn gebrochen, deren Befolgung sich am deutlichsten in den Dezemberausweisen der Bank in der kurzen Spanne Zeit von 1860—65 wiederspiegelt:

	Ende 1860.	1861.	1862.	1865.
Forderungen der Bank an den Staat	257 054 159	249 847 212	217 289 244	145 826 216
Barvorrat	89 167 926	99 148 381	105 071 147	121 521 769
Portefeuille	58 165 743	61 217 263	66 919 225	106 837 074
Darlehen	54 234 080	56 113 700	53 484 800	43 265 700
Hypothekardarlehne	—	56 337 856	58 679 495	63 601 658
Effecten (Courswert)	—	—	40 582 181	3 065 362

Die Zahlen entfalten eine stumme Beredsamkeit und zeigen bei günstiger Allgemeingestaltung des Bankstandes vor allem auch die glücklich veranlasste Aenderung des Verhältnisses von Portefeuille zu Darlehen, das eine ganz wesentliche Besserung gegen früher aufweist. In dieser Richtung hat sich seitdem die Bank zum Glück fortbewegt, indem sie den Notenumlauf in stets höherem Masse nach soliden, bankmässigen Grundsätzen, d. h. mehr und mehr durch Metall und Wechsel allein zu decken bestrebt war. Ein Blick auf einen beliebig gewählten Bankausweis der Neuzeit, den vom 31. Dezember 1895 diene zum Beweise. Darnach betrug:

Der Metallschatz 377 521 346 fl.
Eskompte 219 474 480 „
Darlehen 46 274 510 „
Notenumlauf 619 854 140 fl.

Doch kehren wir zunächst noch einmal zu dem an bankwissenschaftlicher Ausbeute reichen Jahre 1848 zurück.

Fast gleichzeitig mit den oben angeführten Gesetzesactionen ging die Ausgabe von 1 und 2 Guldennoten und anderen Staatspapiergeldes mit Zwangskurs Hand in Hand, das unter der Bezeichnung von Hypothekaranweisungen auf Saline Gmunden, 5 prozentigen und

3 prozentigen Zentralkassenanweisungen den Staat zwar aus augenblicklicher Geldkalamität zu erretten vermochte, aber andrerseits die Aufhebung der Insolvenz der Bank naturgemäss auf ferne Tage hinausschieben musste. Von derartigem Papiergeld gelangten von 1849 bis 1854 folgende Beiträge zur Ausgabe:

    1849   71,1 Mill. fl.
    1850 116,6 „ „
    1851 167,1 „ „
    1852 155,8 „ „
    1853 148,3 „ „
    1854 149,9 „ „

Es hatte also nicht allzuviel zu bedeuten, dass im kaiserl. Patent vom Mai des Jahres 1850 die Ausgabe derartigen Papiergeldes auf einen Maximalbetrag von 200 Mill. fl. beschränkt wurde. Zu der Einsicht, dass es im Interesse der gesamten Kreditverhältnisse der Monarchie lag, es ganz beseitigt zu sehen, kam man erst im Jahre 1854 und steuerte nun durch Einziehung und Ersetzung durch Banknoten diesem Ziele mit vollen Segeln zu und unterstützte diesen Fortschritt durch gleichzeitige Regelung des Schuldverhältnisses von Staat zu Bank, indem man die gesamten bisherigen Schuldposten von 155 Mill. fl. in einen unverzinslichen zusammenzog und dafür der Bank Staatsgüter im Schätzungswerte von 156,485,060 zur Verwaltung und Veräusserung übergab, eine für den Fall einer Krisis freilich recht prekäre Sicherung. Immerhin ist überhaupt in den nächsten Jahren eine Tendenz zu gediegenerer Geschäftsgebahrung nicht zu verkennen, wie sich auch in dem kaiserl. Patent vom 30. 8. 58 dokumentirt, durch welches endlich nach 40 jährigem Bestehen ein bestimmter Deckungsmodus mit den Worten vorgeschrieben wird: „Von den auf österreichische Währung lautenden, im Umlaufe befindlichen Noten muss wenigstens ein Drittel mit gesetzlicher Silbermünze oder Silberbarren, oder nach Umständen und mit Bewilligung des Finanzministers teilweise auch in Goldmünzen oder Goldbarren, der Rest aber mit statutenmässig eskomptirten oder beliehenen Krediteffekten gedeckt sein." „Was man auch mit Recht gegen diese Drittheltheorie einwenden mag, sagt

Wagner, die neue Bestimmung war jedenfalls ein Fortschritt gegen früher und, wenn sie selbst nur dem Wortlaut des Gesetzes gemäss durchgeführt worden wäre, so würde bei sonstiger geschickter Leitung der Bank die Gefahr einer baldigen Wiedereinstellung der Zahlungen schon etwas ferner gerückt worden sein."
Der Bankausweis vom selben Tage (30. 8. 1858):

Aktiva.

Baar	108 800 480 fl.
Eskompt	72 063 862 „
Lombard	79 824 300 „
Wiener Währungs-Schuld	57 691 954 „
Staatsgüterschuld	148 000 000 „

Passiva.

Noten . . . . 389 613 459 fl.

weist zwar eine bedeutende Besserung gegen früher, aber keineswegs einen derartig konsolidierten Stand auf, dass er die bald darauf folgende Aufnahme der Barzahlung mit der Aussicht auf dauernden Erfolg hätte rechtfertigen können. Man beachte nur: In dem Notenbetrage sind zwar 139, 124, 867 fl. zu 5, 2 und 1 Gulden inbegriffen, auf die sich die Vorschrift der Dritteldeckung nicht bezog, die vielmehr in den Domänen eine besondere Bedeckung erhalten hatten, und somit war ziffermässig ein nicht ungünstiges Verhältnis von Barschatz zum Notenumlauf höherer Appoints, nämlich wie 1 : 2, 3 vorhanden, allein die der Staatsschuld in Höhe von 205 691 954 zur Unterlage dienenden Güter und Effekten repräsentierten, da eine Verpflichtung zu ihrer Realisierung nicht bestand, doch zu wenig Garantie für kritische Zeiten, in denen die Elastizität der Notenzirkulation sich erproben soll. Und die geschichtlichen Thatsachen erwiesen ja auch bald, als politische Verwickelungen ins Spiel traten und die Bank einem neuen Appell des Staates nachgeben musste, dass die Konsolidirung der Bank doch noch viel zu wünschen übrig liess: Am 1. Novbr. 1858 hatte sie ihre Kassen zur Verwechselung geöffnet, am 11. April 1859 wurde sie schon der Verpflichtung der Barzahlung wieder enthoben und obendrein als Gegenleistung für die dem

Staate wieder zu leistenden Vorschüsse zur weiteren Ausgabe von 5 Gulden-Noten ermächtigt, als deren Deckung man die Staatsgüter anzusehen hatte. Wenn man in dieser Periode der Bank bezüglich ihrer Gebahrung einen Vorwurf zu machen hat, so ist es der, dass sie angesichts der sich enorm verschlechternden Wechselkurse[1]) und des äusserst starken Silberabflusses sich keineswegs bewogen fühlte, die hier allein als korrektiv dienenden Schritte zu thun. Sie erhöhte weder den Zinsfuss von 5 Prozent, noch liess sie in der Kreditbewilligung genügende Restriktionen eintreten, so dass naturgemäss eine Verringerung des Notenumlaufs nicht zu verzeichnen war.

Die Bankleitung mochte wohl bald nach diesem Misserfolge selbst eingesehen haben, dass sie mit diesen Unterlassungen kein Zeichen besonderer Geschicklichkeit gegeben habe; denn als man nach dem zwischen dem Finanzminister Plener und der Nationalbank abgeschlossenen Uebereinkommen vom 6. Januar 1863 abermals der Wiederaufnahme der Barzahlungen zusteuerte, zeigte sie ohne weiteres das Verständnis für derartige bankpolitische Massnahmen, indem sie allmählich in bedeutenderem Umfange Restriktionen vornahm, und es wäre vielleicht dank dieser zielbewussten Leitung das schon einmal missglückte Experiment der Silberzahlung, wie es für das Jahr 1867 in Aussicht genommen war, gelungen, hätte nicht eben der Krieg wieder alle hierzu gemachten Anstrengungen paralysiert und den Staat zu dem verhängnisvollen Schritt genötigt, am 5. Mai 1866 die Ausgabe von Staatsnoten mit Zwangskurs, zu deren Annahme auch die Bank verpflichtet wurde, zu dekretieren, ohne dass auf die diesem Schritt von Seiten der Nationalbank vorangehenden Ein-

---

[1]) London notirte:
am 10. 1. 59 = 101.90
„ 24. 1. „ = 103.60
„ 7. 2. „ = 105.30
„ 21. 2. „ = 106.10
„ 7. 3. „ = 112.80
„ 21. 3. „ = 109.—
„ 4. 4. „ = 109.30
„ 18. 4. „ = 117.30
„ 25. 4. „ = 128.—

wendungen und Warnungen auch nur eine Erwiderung erfolgt wäre.

b) Staatspapiergeldausgabe und Agio.

So hielt die Regierung das im Jahre 1816 bei Gründung der Bank gegebene, im Jahre 1854 mit den Worten: »Staatspapiergeld wird von nun an nicht mehr ausgegeben werden« wiederholte Versprechen, sich jedes direkten Einflusses auf die Mittel des Umlaufs zu enthalten. Abgesehen davon, dass vom finanzwirtschaftlichen Standpunkt aus die Vermeidung des Schrittes zur schwebenden Schuld als unbedingt geboten hätte erscheinen sollen, zeigt wohl diese Massnahme gar deutlich, dass es um das staatliche Rechtsbewusstsein in Oesterreich damals sehr schlimm stand, wenn man nicht gerade den Rechtfertigungsversuch der Regierung als gelungen bezeichnen will, mit welchem sie in einem Kommentare zu obigem Gesetz diese ihre Schritte als eine Staatsakte erklärte, „welche ihre innere Berechtigung unmittelbar aus dem obersten Grundsatze der staatlichen Selbsterhaltung ableiten und geradezu als Postulate zwingender Staatsnotwendigkeit erscheinen.«

Wir würden weit über den Rahmen hinausgehen, auf welchen wir unsere Darstellungen beschränken wollen, wollten wir hier des Näheren auf die traurige Bedeutung eingehen, die die übermässige Staatsnotenausgabe in finanzieller, politischer und volkswirtschaftlicher Beziehung überhaupt einnimmt, und so seien in der Hauptsache nur diejenigen Gesichtspunkte hervorgehoben, die in engerem Zusammenhange mit der allgemein gefassten Notenbankfrage stehen.

Das Staatspapiergeld ist, wie M. Wirth ausführt, zweifellos eine Finanzquelle des Staates, die so ergiebig ist, dass sie in unwirtschaftlich regierten Ländern nur zu leicht missbraucht wird. Bis zu einem gewissen Grade ist dieses Hilfsmittel gefahrlos und zweckdienlich, sobald aber die Ausgabe solcher Wertzeichen eine mass- und grenzenlose Steigerung erfährt, und ihre Höhe nicht im richtigen Verhältnis zum Verkehrsbedürfnis steht, dann erfüllt dieses Geld nicht mehr seine Mission als Verkehrswerkzeug und Wertmesser, und es treten jene Veränderungen inbezug auf die Preise in die Erscheinung, die deutlich zeigen, dass das Geld in seinem Umfang an die Summe der Umsätze gebunden ist, die zu einer gegebenen Zeit in einem Staate gemacht werden. Hierin gerade liegt der Vorteil, den die Banknoten gegenüber dem Staatspapiergelde aufweisen. Erstere besitzen nämlich durch die Möglichkeit des Zurückströmens an die Einlösungskassen die Eigenschaft, sich inbezug auf die Höhe des auszugebenden Betrages durchaus dem Bedarf des Verkehrs anzupassen, da die Direktion einer (natürlich barzahlenden) Bank, welche kraft ihres Amtes fortwährend den Puls des Verkehrs fühlt, es in der Hand hat, je nach Bedarf die Zügel anzuziehen oder zu lockern und damit das Land vor einer Inflation von Papiergeld zu schützen. Im Gegensatz hierzu hat die Ausgabe von Staatspapiergeld nicht die Eignung, sich ohne weiteres den Anforderungen des Publikums zu accommodieren; es fehlt vielmehr ein Massstab für ihre Höhe, da die Scheine zu einer Einlösungskasse nicht zurückströmen können, und damit haftet ihnen die Gefahr an, im Uebermass ausgegeben zu werden und Revolutionen inbezug auf die Preise hervorzurufen. Man kann es daher nur begreiflich finden, dass die Nationalbank im vollen Bewusstsein der drohenden Gefahr mit den ihr zu Gebote stehenden Mitteln eine Vermehrung des Papiergeldes durch direkte Zettelausgabe des Staates zu hindern versuchte, da ja ihre eigenen Noten schon seit 1848, nachdem für sie der Zwangskours ausgesprochen wurde, gegenüber barem Gelde ein Disagio aufwiesen, eine Erscheinung, auf deren Wesen und geschichtliche Entwickelung an dieser Stelle näher einzugehen gestattet sein möge.

So wenig leicht es ist, aus dem bunten Bilde der Versuche, die in der ökonomischen Litteratur zur Erklärung des Silberagios und seiner Schwankungen sich finden, etwas für eigene Meinung Positives herauszuschälen, so scheint uns doch diejenige Richtung auf falschem Wege, die Zeit und Geist mit dem Suchen nach einem einzigen Entwertungsgrunde der Valuta verschwendet; vielmehr müssen wir uns zu der auch durch Wagner,

Knies, Kramar etc. vertretenen Auffassung bekennen, die hier einen Complex von Ursachen, eine „Funktion einer ganzen Reihe Variablen" erkennen zu müssen glaubt. Es lässt sich an der Hand der das Agio betreffenden geschichtlichen Thatsachen weder die Quantitätstheorie Ricardo's mit Erfolg verfechten, noch kann man auch dem durch unsoliden Bankstand erzeugten allgemeinen Misstrauen eine ausschlaggebende Bedeutung beimessen. Für erstere Theorie glaubt freilich Hertzka[1]) mit einem Aufwand von historisch-statistischem Material die Beweise gegeben und jeden Zweifel an ihrer Stichhaltigkeit ausgeschlossen zu haben, wir aber müssen uns, so sehr wir auch den sonstigen Ausführungen des Verfassers sympathisch gegenüber stehen, schon inanbetracht der vielen einzelnen geschichtlichen Ausnahmen, deren Erklärung oft zu weit hergeholt erscheint, und ihm viele Mühe macht, in diesem Punkte gegen ihn stellen. Uns fehlt der Glaube an seinen Satz: „Jede einzelne Note der im Verkehr befindlichen Noten verliert genau soviel an Kaufkraft, als neue Noten über den Bedarf ausgegeben werden; beträgt die Ueberemission 10 Prozent, so wird bei sonst gleichbleibenden Verkehrsverhältnissen jede einzelne Note 10 Prozent an Wert verlieren", und sind überzeugt, dass die Höhe des Agios und seine Schwankungen in solch unmittelbarem Causalnexus mit der Menge des umlaufenden Papiergeldes und den Bewegungen dieser Menge nicht stehen.

Wie dem aber auch sei, hier ist es vor allem nötig zu konstatieren, dass in dem Auftreten dieses Agios die Quelle unberechenbaren Schadens für die österreichische Volkswirtschaft und das Anfangsglied für die allmählich zu gigantischer Grösse angewachsene Kette der Valutaverschlechterungen zu sehen ist. Es liegt der Schwerpunkt dieses Uebels weniger in seinem Vorhandensein als solchen, als vielmehr in seiner quecksilberartigen Beweglichkeit, die die gedeihliche Entwickelung gesunden volkswirtschaftlichen Lebens untergräbt, und zwar macht sich dieser Uebelstand am härtesten beim auswärtigen Handel bemerkbar, da jeder, der nach einem Lande verkauft,

---

[1]) „Währung und Handel".

das mit uneinlöslichem Papiergelde behaftet ist, zum Preise seiner Güter eine Prämie für etwaige Coursverluste zuschlagen muss, weil es sich seiner Voraussicht entzieht, welchen Wert die Wechsel, mit denen er in der Regel bezahlt wird, nach dem Stande der Valuta zur Zeit ihrer Fälligkeit haben werden. Dies ist wiederum auf der andern Seite ein Grund, dass die Spekulation in die Erscheinung tritt, da eben zerrüttete Währungsverhältnisse den Schwindel und das Glücksspiel auf Kosten aller Zweige produktiver Thätigkeit fördern und dem an und für sich grossen Uebel nur noch grössere Dimensionen verleihen. „Unsicherheit des Vermögens und Erwerbes greift Platz," sagt Knies, „trotzdem dass Polizei und Gerichte ihres Amtes walten. Der auf erprobten Wegen wandelnde Fleiss, die angestrengte Arbeit auf wohlbekannte Ziele hin sind gelähmt, den „Abenteurern" weit und breit Thor und Thür geöffnet. Auch derjenige Gewinn, welcher Ergebnis vorschauender Berechnung ist, wird nur durch Verlust anderer erworben. Niemand ist der Staatsregierung dankbar für einen unverdienten Gewinn und jeder klagt sie an ob seines unverdienten Verlustes." Es ist wiederum der Staat selbst, dem man die Verantwortung für diese beklagenswerten Zustände in Oesterreich zuschreiben muss, hatte er doch durch übermässige Ausgabe von Papiergeld mit Zwangskours einer bedeutenden Entwertung der Zirkulationsmittel Vorschub geleistet, wiewohl man sich vor Ausbruch des Krieges erfreulicherweise dem Paristande schon sehr nahe sah. Von vornherein schon konnte sich die Staatsnotenausgabe als eine vorübergehende Aushülfsmassnahme, wie sie die Geschichte mancher Staaten kennt, nicht charakterisieren, dazu zeigten die Beträge doch zu hohe Ziffern. Man beachte nur das am 25. August 1866 erlassene Gesetz, in dem es hiess: „Alle Staatsnoten werden mit den vom Staate herausgegebenen, auf einen Maximalumlauf von 100 Millionen Gulden begrenzten Partial-Hypothekaranweisung derart in Verbindung gebracht, dass die Summe beider den Betrag von 400 Millionen nicht überschreiten darf, zugleich aber der Finanzminister ermächtigt wird, für den Fall, als der Umlauf der Partial-Hypothekaranweisungen unter das für diese Effektengattung vorgezeichnete gesetzliche Maximum sinkt, den Abgang durch eine entsprechende Erhöhung des Staatsnotenumlaufs zu ersetzen und umgekehrt."

Es ist unschwer zu ermessen, dass sich mit dieser übermässigen Ausgabe von Papiergeld der österreichische Staat nur allzusehr ins eigene Fleisch schnitt, denn er schuf sich damit das teuerste Zwangsanlehen, „weil wegen der Verschlechterung der Valuta neben dem Metall-Agio die Preise, wie schon bemerkt, um eine Versicherungsprämie steigen, den Verkehr unsicher und die Steuerquellen versiegen machen". Hierin liegt also der Grund zu fortschreitender Dekadence der Staatseinnahmen und es ist dies von um so grösserer Bedeutung, als das Agio ja nicht ein Uebel von vorübergehender Dauer war, sondern in 30 jähriger Existenz von der monetären Schwäche Oesterreich-Ungarns Zeugenschaft ablegte und der Volkswirtschaft jene tiefen Wunden schlug, an deren Sanierung heute noch fleissig zu arbeiten nötig bleibt.

Silberkours an der Wiener Börse. 1848—1878.[1])

Jahr	niedrigster	höchster	Durchschnittskours.
1848	101	117	109,36
1849	105	127	113,85
1850	111	150	119,85
1851	116,75	134	126,05
1852	110	125	119,45
1853	107,75	116,75	110,57
1854	114,75	146,50	127,85
1855	109,12	129,50	120,90
1856	101,25	113,50	104,64
1857	103,87	109,37	105,50
1858	100,25	106,75	104,11
1859	100,25	153,20	122,16
1860	124,65	144,30	132,32
1861	135,62	150,03	141,25
1862	117,19	138,67	128,07
1863	110,16	118,84	113,79
1864	113,39	119,82	115,72

[1]) Carl Menger. „Beiträge zur Währungsfrage in Oesterreich Ungarn." Jena 1892.

Jahr	niedrigster	höchster	Durchschnittskours.
1865	105,39	114,28	108,32
1866	101,75	129,75	119,76
1867	118,75	130	123,95
1868	111,25	118,75	114,43
1869	118,06	122,38	121,02
1870	118,48	125,40	121,89
1871	116,57	122,55	120,38
1872	107,09	113,75	109,27
1873	106,24	110,81	108,14
1874	103,56	107,04	105,25
1875	100,94	105,64	103,40
1876	100,90	118,24	104,60
1877	103,95	117,70	109,36
1878	99,85	112,50	103,15
1879	—	—	—

Vorstehende Tabelle ergiebt das Bild der Bewegungen in diesem Zeitraum. Darnach verschwindet das Agio erst 1878 und zwar ohne Zuthun des Staates. Der Grund hierfür ist in der Hauptsache in der Gestaltung auswärtiger Verhältnisse, namentlich in der Verschiebung auf dem Edelmetallmarkt zu suchen, wenngleich man nicht übersehen darf, dass günstige Handelsbilanzen, die Konsolidierung des Staatskredits und die Gunst politischer Verhältnisse ein gut Teil mitgeholfen haben. Der seit 1871 eingetretene Preissturz des Silbers" (welchen, nebenbei bemerkt, Kleinwächter einzig und allein den Silberverkäufen Deutschlands nach Einführung der Goldwährung zuschreibt, obwohl erwiesen ist, dass nach Einstellung dieser Verkäufe der Silberkours sich nicht gehoben hat) musste naturgemäss eine parallel gehende Entwertung des Silberguldens veranlassen und drückte schliesslich, nachdem man 1879 wegen allzu starker spekulativer Silbereinfuhr die freie Silberprägung eingestellt hatte, den Wert desselben auf das Niveau des Papierguldens.[1]

Mit Erreichung dieser Parität wäre faktisch eigentlich die Valuta wiederhergestellt, allein gegenüber dem Auslande kann von einer Besserung gegen früher nicht die Rede sein, da inzwischen das Goldagio, dessen Auftreten mit dem Falle des Silberpreises Hand in Hand ging, eine bedeutende Steigerung erfahren hat, und vor

[1] cf. Carl Menger.

Aufnahme der Baarzahlungen kaum ganz von der Bildfläche verschwinden dürfte.

Betrachten wir nach dieser Abschweifung, was die Zettelausgabe des Staates, die diese Agioverhältnisse hervorrief, für die Nationalbank zu bedeuten hatte: Abgesehen davon, dass sie sich vom rechtlichen Standpunkte aus als eine gewaltthätige Durchlöcherung der Bankakte darstellt, die zu vermeiden die Regierung wohl Grund genug gehabt hätte, ist eine ihrer direkten Konsequenzen die, dass die Noten der Nationalbank, da sie eben einen Teil der in ihrer Gesamtheit ungebührlichen Papiergeldcirkulation darstellen, an dem Disagio der Zettel teilnehmen mussten, obgleich der Stand der Bank im Jahre 1866 nach dem Kriege zu schlechter kreditlicher Beurteilung Anlass gebende Momente nicht aufwies. Im Gegenteil! Durch die in der Bankakte von 1862 gipfelnden Reformversuche Pleners, der von dem unstreitig richtigen Gesichtspunkte ausging, dass der Kernpunkt einer Sanierung der seit 1848 bestehenden Valutaverhältnisse in der Rückzahlung der Staatsschuld und Sicherung vor erneuter Inanspruchnahme, verbunden mit Herabminderung der übermässigen Zettelcirkulation liege, war nämlich durch allmähliche Veräusserung von Staatsgütern und Effekten die Staatsschuld im Jahre 1867 bis auf die bekannten, von einer vorläufigen Rückzahlung ausgenommenen „80 Millionen" abgetragen, und die Notencirkulation bewegte sich auch innerhalb der ihr durch die Bankakte gesteckten Grenzen bei über 50 %iger metallischer Bedeckung.[1]) Dass die Nationalbank selbst angesichts eines so soliden Standes an eine Aufnahme der Barzahlungen nicht denken konnte, daran hatte eben einzig und allein der Umstand Schuld, dass neben ihren eigenen die mit Zwangskurs versehenen Zettel des Staates in einer Höhe von 300 Mill. im Umlauf sich befanden, deren Honorirung ihr zur Pflicht gemacht war. Damit waren ihr auf absehbare Zeit die Flügel beschnitten, und eine Aufnahme

---

[1]) Ende 1867 betrug der Banknotenumlauf etwas über 247 Mill., ihm stand ein Barvorrat von reichlich 108 Mill. und mit Hinzurechnung der „Devisen" von nahezu 149 Mill. gegenüber.

der Barzahlungen ausgeschlossen, denn „jeder Notenbesitzer hätte im Hinblick auf das Silberagio, sagt Kleinwächter[1]) die Einlösung ihrer Noten gegen Silber verlangt, während umgekehrt die sämtlichen Bankschuldner ihre Verpflichtungen an die Bank nur in Staatsnoten abgetragen hätten, so dass in kürzester Zeit der Bank ihr gesamter Silbervorrat bis auf den letzten Kreuzer entzogen worden wäre. Hätte man andererseits die Bank von dem Zwange, die Staatsnoten voll anzunehmen, dispensirt, so hätte die Bank wohl für einige Zeit ihre Barzahlungen aufrechterhalten können, aber dann hätten die Staatsnoten ein Disagio gegenüber dem Silber und den Banknoten aufzuweisen gehabt, was zu sehr grossen Unzukömmlichkeiten geführt hätte."

c) Notencontingentierung.

So blieb der Nationalbank nichts weiter übrig, als ihren alten „Zwangskoursschimmel fortzureiten", wozu eine besondere Geschicklichkeit freilich nicht gehörte, da ihr ja durch die Bankacte und den darin enthaltenen § 14 die Wege deutlich genug vorgezeichnet waren. Hier hatte man nämlich in ziemlich willkürlicher Nachahmung englischer Verhältnisse die Bestimmung getroffen, dass „jener Betrag, um welchen die Summe der umlaufenden Noten 200 Millionen übersteigt, in gesetzlicher Silbermünze oder Silberbarren vorhanden sein muss", mit andern Worten, man hatte die „directe Contingentierung" zur Einführung gelangen lassen. Es mag dahingestellt sein, ob man nicht im Hinblick auf die der Note unter Umständen als Retter in der Not, bei Krisen etc. zufallende Rolle besser daran gethan hätte, die Grenzen des unbedeckten Notenumlaufes in starren Ziffern überhaupt nicht auszusprechen, jedenfalls war für die Nationalbank und ihre damaligen Geschäftsexpansionen dieses Contingent zunächst ausreichend und erleichterte den Lenkern ihrer Geschicke das Regieren, namentlich inbezug auf die

---

[1]) „Entwickelung des Geld- und Währungswesens in Österreich-Ungarn unter Kaiser Franz Josef II." Czernowitz 1896.

Diskontopolitik, auf die wir noch zu sprechen kommen, nicht unbedeutend. Man hatte der ziffermässigen Normierung hauptsächlich den Notenbedarf der Jahre 1860—62 zu Grunde gelegt, in denen allerdings Eskompte- und Darlehensgeschäfte zusammen auf dem höchsten Stande nicht mehr als 135,1 Mill. fl. betrugen, und glaubte daher eine Maximalhöhe von 200 Mill. als fast unerreichbare Grenze ansehen zu können. Und in der That hatte man auch von 1863—77 mit diesem Contingent auskommen können, ausgenommen die Krisenjahre 1870 und 1873, in welchen man sich zur Rettung einmal mit einer Einrechnung von Devisen in die metallische Bedeckung beholfen hatte, das andere Mal sogar eine Suspension der Bankacte nicht hatte umgehen können, aber vom Jahre 1878 an machte sich mit dem gewaltigen Fortschritt in der Entwickelung der ökonomischen Kräfte Oesterreichs eine so beträchtliche Steigerung des Notenbedarfs bemerkbar, dass in dem vortrefflichen Werke Leonhardts „Die Verwaltung der österreich-ungarischen Bank von 1878 bis 1885" vom Verfasser auf das Bedenkliche einer weiteren Beibehaltung des Contingents von 200 Millionen mit dem Hinweis aufmerksam gemacht wird, dass in den Jahren 1880 bis 1884 binnen einer Woche sich Steigerungen um 10, 12, 15 bis 19 Millionen, binnen zwei aufeinanderfolgenden Wochen sogar solche bis zu 28 Millionen ergeben haben und dadurch sich die Lage der Bank so fatal gestaltete, dass sie wiederholt nahe daran war, ihre Kreditgewährung nur noch von den Eingängen aus dem täglichen Incasso abhängig machen zu müssen. Mit vollem Recht fügt er hinzu, dass sich hieraus infolge notwendiger Restrictionen Consequenzen sehr ernster Natur ergeben können und empfiehlt im öffentlichen, nicht privatwirtschaftlichen Interesse der Bank eindringlichst die Einführung der indirecten Contingentierung nach dem Muster der deutschen Reichsbank, die den Vorzug hat, die Banken vor Uebertreibung der Notenausgabe durch die Besteuerung der das Contingent übersteigenden Summe zu hindern und, da sie im innigsten Zusammenhange damit die Diskonterhöhung rechtzeitig veranlasst, ausgleichend auf die Diskontsätze zu wirken.

Jahr	Datum	Eskompte	Darlehen	Zusammen	Contingent	Vom Contingente verfügbar
			Millionen Gulden			
1878	31./10.	143,1	33,7	176,8	200	23,2
1879	7./11.	127,5	24,9	152,8	200	47,6
1880	7./11.	146,4	25,4	171,8	200	28,2
1881	31./12.	156,5	21,9	178,4	200	21,6
1882	31./10.	169,1	36,8	206,3	200	—6,3
1883	31./10.	175,9	29,2	205,1	200	—5,1
1884	31./12.	167,7	34,2	201,9	200	—1,9
1885	7./1.	161,8	34,4	196,2	200	3,8

Man wird diesen Ausführungen Leonhardts die Zustimmung nicht versagen können, wenn man bedenkt, dass die Bank bei den in vorstehender Tabelle für die Jahre 1882 bis 1884 verzeichneten notwendigen Ueberschreitungen des Contingents ihre Zuflucht schon zum Reservefonds nehmen musste; es zeigte dies in der That eine zeitweilig eintretende Unzulänglichkeit der Betriebsmittel, deren Abschaffung ernstlich das öffentliche Interesse erheischte, und es war wohl auch nicht zum geringsten Teil dieser deutlichen Sprache Leonhardts zuzuschreiben, dass man bei Erneuerung des Privilegiums im Jahre 1887 sich entschloss, die elastische Kontingentierung und damit eine 5 prozentige Notensteuer (über 200 Millionen) zur Einführung zu bringen.

§ 4. Diskontopolitik.

Im innigsten Kausalverband mit dem jeweilig für die Notenausgabe normirten Bedeckungs- und Kontingentierungsmodus, wie mit der Eigenart der österreichischen Valutaverhältnisse überhaupt, steht die Gestaltung der Zinsfusspolitik der Zentralzettelbank dieses Landes, die in ihren verschiedenen Phasen am deutlichsten eine direkte Einwirkung der Papiergeldmisere erkennen lässt. Auf diesem Gebiete, das mit seinen schwierigsten bankpolitischen Aufgaben an die Umsicht und Sachkenntnis einer Bankleitung die höchsten Anforderungen stellt, hat man für die österreichische Nationalbank zwei durch die Einstellung der Barzahlungen und die Dekretierung des Zwangskurses scharf geschiedene Perioden zu unterscheiden.

So lange nämlich die österreichische Nationalbank sich zu den barzahlenden Notenbankinstituten zählen durfte, waren ihr bezüglich der Zinsfusspolitik die nämlichen Wege vorgeschrieben, wie sie alle solventen Notenbanken zu verfolgen haben, d. h. der Schwerpunkt des Aktuellen lag für sie darin, mit Hülfe der Diskontschraube ihren Barschatz zu Rate zu halten und vor zu starken Abflüssen nach dem Auslande zu schützen. Demgemäss fühlte sie deutlich den Wellenschlag der internationalen Geldmärkte und musste ein wachsames Auge auf das wechselvolle Getriebe an letzteren haben, wenn sie nicht bei stürmischem Wogengang sich plötzlich all ihrer baren Münze beraubt und somit ihrem Ruin gegenüber sehen wollte. Es ist freilich eine überaus schwierige und mit hoher Verantwortlichkeit verbundene Aufgabe für eine Bankleitung, zu erkennen, ob es sich bei erhöhter Inanspruchnahme des Kredits und gleichzeitigem Metallabfluss um Ausnahmefälle in ruhiger und normaler Lage handelt, oder ob diese Erscheinungen sich als Vorläufer einer tiefergehenden Bewegung, sei es speculativer, sei es krisisartiger Natur, charakterisieren. Eine weitgreifende Umsicht und das volle Verständnis für Strömungen auf dem Gebiete des Handels und der Industrie gehört dazu, um bei Festsetzung des Zinsfusses das Richtige zu treffen und damit der Volkswirtschaft von Nutzen zu sein. Im Allgemeinen darf nach den Ausführungen von Alex. Dorn[1]) der Zinsfuss nicht dauernd unter jene Höhe sinken, welche aus dem natürlichen und vorhandenen Verhältnisse zwischen Angebot und Nachfrage nach Zahlungsmitteln auf dem offenen Markte des betreffenden Landes sich von selbst ergiebt. Ist der Bankzins mit Rücksicht auf diese Verhältnisse zu niedrig, so wird die Bank nur eine Quelle des Gewinnes für Einzelne; die Folge aber ist vollständige Erschöpfung ihres Barschatzes, und statt einer wohlthätig auf die wirtschaftliche Entwicklung wirkenden Institution wird sie zur Förderin unaufhaltsamer Verschlechterung der Geldverhältnisse, allgemeiner Verwirrung und tiefeinschneidender Bankerotte. Natürlich kann aber auch die Höhe des Bankzinsfusses unter normalen Verhältnissen

---

[1]) „Die Erneuerung des Bankprivilegiums". Wien. 1886.

den Zinsfuss, wie der offene Markt ihn normiert, auf die Dauer nicht bedeutend übersteigen, weil sonst die Bank gar nicht in Anspruch genommen würde, und dadurch ihre geschäftlichen Interessen, auf welche gebührend Rücksicht zu nehmen ist, Schaden litten.

Man sieht aus dem bisher Gesagten, dass die Festsetzung des Zinsfusses und seiner Veränderungen die sachkundige Beurteilung einer Reihe von Faktoren ihrer höheren oder geringeren Bedeutung nach voraussetzt, und wenn Ad. Wagner bezüglich des eventuellen Eintritts einer Diskonterhöhung in seinem Werke »Kredit und Bankwesen« gelegentlich den Satz ausspricht, »das System der indirekten Kontingentierung des Notenumlaufs sollte namentlich die Banken nötigen oder doch veranlassen, bei Abnahme des Barfonds oder schlechterem Verhältnis desselben zum Notenumlauf, rechtzeitig zur Erhöhung des Diskonts zu schreiten«, so scheint uns mit dem Hinweis auf den Barfonds wohl auf den Hauptfaktor aufmerksam gemacht, aber das Postulat allzu schroff formuliert zu sein. Man muss nämlich unserer Ansicht nach mit gewissen Fällen rechnen, in denen man, wie auch ein später zu erörterndes Beispiel aus der Geschichte der österreichischen Nationalbank zeigen wird, bei Bestimmung des Zinsfusses auf andere Momente das Hauptgewicht legen muss, die die Nichtbefolgung der in obigem Satze ausgesprochenen Forderung als nötig erscheinen lassen können.

Was nun den Grad der Schwierigkeit bei Diskontveränderungen betrifft, so ist es ungleich leichter, den Zeitpunkt für eine Herabsetzung des Zinsfusses als gekommen zu erkennen, als für ihr Gegenteil. In ersterem Falle giebt die Ansammlung müssiger Kapitalien in Gestalt von Geld bei der Bank, das Zuströmen hoher Depositenbeträge einen deutlichen Fingerzeig, dass es an der Zeit ist, durch Herabsetzung der Bankrate das Geschäft aufzumuntern. Ein Fehler nach dieser Richtung hin ist entfernt nicht von der Tragweite wie ein solcher bei Anzeichen von Geldknappheit. Hier ist es von ganz hervorragender Bedeutung, dass die Direktion mit weitausschauendem Blick in aller Frühe mit Hülfe des sehr empfindlichen Barometers ihrer Metallreserve das Auftreten einer Ueberspekulation, politischer Krisen oder ähnlicher wirtschaftlicher Vorgänge, welche eine starke Inanspruchnahme der Bankkapitalien in Aussicht stellen, als solches erkennt und rechtzeitig den Diskontsatz erhöht. Auf diese Weise erreicht sie nicht allein eine rechtzeitige Warnung des Geschäftspublikums, sondern sie erwirkt zugleich eine Ausgleichung des Vorrates an klingender Münze dadurch, dass infolge der Erhöhung des Zinsfusses sich die Kapitalisten und Geldhändler des Auslandes veranlasst fühlen, ihre Kapitalien zinsbringend in dem betreffenden Lande anzulegen, sei es durch Ankauf von Staatspapieren, die bekanntlich beim Steigen des Zinssatzes im Kurs fallen müssen, oder durch Bezug von Waaren, sei es auch dass sie Wechsel auf das Land im Ausland ankaufen, um sie zwecks Zinsgenusses bis zur Verfallzeit liegen zu lassen. Durch diese verschiedenartigen Transaktionen fliesst natürlich dem Lande mit erhöhtem Diskont baare Münze zu und die Zentral-Notenbank wird, wenn durch dieses Anschwellen der Metallreserve letztere wieder in ein geziemendes Verhältnis zur Höhe ihrer Notenausgabe getreten ist, in der Lage sein, dem Lande die Segnungen eines verbilligten Zinsfusses zukommen zu lassen. So reguliert sich gewissermassen von selbst durch die internationalen Beziehungen der Münzstand einer grossen Zettelbank, nur muss, wie gesagt, die Bankleitung ein wachsames Auge haben, um Ausschreitungen auf diesem Gebiete bei Zeiten steuern zu können.

Fasst man unter Berücksichtigung der eben erörterten, allgemeinen Grundsätze und Regeln die Thätigkeit und das Verhalten der österreichischen Nationalbank während der Dauer ihrer Solvenz näher ins Auge, so wird man den Vorwurf übertriebener Unbeweglichkeit, den man ihr verschiedentlich, so namentlich in den kritischen Jahren 1831 und 1840 gemacht hat, für nicht ganz unberechtigt ansehen müssen; verharrte sie doch vom 24. April 1833 bis zum 22. September 1856 auf einem künstlich festgesetzten Zinsfusse von 4 Prozent, obwohl sie mehrfach schon ein Blick auf den Stand ihrer Barmittel zu einer

Diskonterhöhung hätte bestimmen und zu anderen Zeiten der Geldpreis am offenen Markte, der mitunter wesentlich mässiger als der ihrige war, sie von der Opportunität einer Herabsetzung hätte überzeugen sollen. Vergeblich fragt man sich nach den Gründen zu solcher Politik, man müsste denn annehmen, dass sich die Bank der irrigen Ueberzeugung hingegeben habe, dass ein für lange Zeiträume unveränderter Zinsfuss dem Lande allein zum Segen gereiche, ein Standpunkt, den man bei einer Zentralnotenbank in Rücksicht auf die dabei vorhandenen Gefahren für ihre eigene Existenz und ihre Eigenschaft als Rückgrat der gesamten Geldzirkulation für durchaus verwerflich halten muss.

Wesentlich anders stellen wir uns zu den Angriffen, denen sich die Bankleitung im Jahre 1848 wegen nicht erfolgter Zinsfusserhöhung von vielen Seiten ausgesetzt sah. Als nämlich während der Märzrevolution dieses Jahres, wie bei allen Revolutionen der losgebrochene Sturm in erster Reihe das allgemeine Vertrauen traf und dabei an die Bank bezüglich der Einlösung ihrer Noten die in den (Seite 18) angegebenen Ziffern gekennzeichneten Anforderungen stellte, hat man letzterer angesichts des so sehr verringerten Barschatzes vor allen Dingen den Vorwurf gemacht, dass sie, anstatt sofort die Diskontschraube anzuziehen, den Zinsfuss auf der seit langer Zeit behaupteten Höhe von 4 Prozent belassen habe. Dem wird man aber entgegenhalten müssen,[1]) dass es sich ja nicht um ruhige normale Zeiten handelte, in denen eine Bankleitung ohne weiteres recht handeln mag, wenn sie bei plötzlich vehement erscheinender Inanspruchnahme durch die Zinsfusserhöhung ein Regulativ zwischen Bedarf und Vorrat zu schaffen gedenkt. In so stürmischen Verhältnissen aber, wie sie die Märztage von 1848 mit sich brachten, war wohl für die Bank neben der Rücksicht auf ihren Barschatz noch zu überlegen, ob ihrer erhöhten Inanspruchnahme eine Interessensteigerung zu Grunde lag, die sich als Ergebniss einer ungenügenden Zirkulation

---

[1]) Wir folgen hier den Ausführungen in dem Werkchen: Die österreichische Nationalbank. Wien 1848.

oder als Folge eines allgemeinen Misstrauens und einer dadurch veranlassten Sperre der verfügbaren Kapitalien darstellte. Hier handelte es sich eben darum, dass wohl die Kapitalien im selben Masse wie früher vorhanden, aber durch Mangel an Vertrauen auf gewisse Zeit der Zirkulation entzogen waren. Man wird gestehen müssen, dass in diesem Falle eine Zinsfusserhöhung geradezu schädlich gewirkt und dem Misskredit dieser Krise und der sie begleitenden Lethargie auf allen Gebieten der Produktion die Krone aufgesetzt hätte. Dieser Rücksicht freilich musste der Barschatz zum Opfer fallen; aber wie wir schon an anderer Stelle zu betonen Gelegenheit hatten, war zur Erhaltung desselben überhaupt nur ein Ausweg übrig, das war die sofortige Sistirung der Barzahlungen, die, wie die Geschichte lehrt, unvermeidlich war und daher zu einer Zeit dekretiert werden musste, als mit ihr noch ein namhafter Barschatz vor gänzlichem Schwinden zu schützen war. Auf Grund vorstehender Erwägungen müssen wir daher, anstatt wie andere der Bank bezüglich ihrer damaligen Diskontopolitik Vorwürfe bitterster Art entgegen zu schleudern, ihr gerade einen Anspruch auf Anerkennung ihrer zweckmässigen Gebahrung und ihrer richtigen Auffassung der damaligen Konjunkturen freimütig zugestehen.

Nicht so bei Beurteilung der seit ihrer Insolvenzerklärung an den Tag gelegten Zinsfusspolitik. Darüber mögen zunächst ein paar allgemeine Worte orientieren: Für ein Land mit gestörter Valuta, wie Oesterreich seit 1848, ist bezüglich der Zinsfusspolitik vor allem der Umstand ins Auge zu fassen, dass die Barreserve der Zettelbank nach Sistierung der Barzahlung kein fluctuirendes Element mehr darstellt, dessen Erhaltung eine besondere Rücksicht erheischt. Eine solche Bank sieht sich damit auch des Barometers beraubt, das ihr anzeigt, ob ihre Diskontopolitik richtig oder fehlerhaft war, und sie kann sich hierfür ein Urteil nur in beschränktem Masse nach der Höhe des Zinsfusses bilden, wie er sich auf dem offenen Markte gestaltet, was um so grössere Schwierigkeiten bietet, als sich der letztere oft jeder Kontrolle entzieht und auch nicht für alle Fälle wegen der Verschiedenheit der Bonität seiner Geschäfte als massgebend anzusehen sein wird. Es fehlt sonach der Bank bei einer Steigerung der Kreditgesuche ein sicherer Massstab dafür, ob diese einem gesunden wirtschaftlichen Aufschwung entspringt oder ob umgekehrt ihr allzubilliger Zinsfuss diesen abnormen Prozess hervorruft; andererseits wird die Bank niemals wissen können, ob der Rückgang ihrer Geschäfte auf eine Stagnation des Unternehmungsgeistes oder aber darauf zurückzuführen ist, dass ihr, im Vergleich zu den allgemeinen Marktverhältnissen zu hoher Zinsfuss die Kreditsucher von ihren Kassen fernhält. Es fällt hierbei für Oesterreich-Ungarn der Umstand erschwerend noch ins Gewicht, dass von einer Konkurrenz des Weltmarktes fast gar nicht die Rede mehr sein kann, da wegen der Scheidemauer des Disagios das Kapital des Auslandes gezwungen ist, an den österreich-ungarischen Grenzpfählen Halt zu machen, oder doch wenigstens nur in verschwindend niedrigen Zahlen Eingang findet.

Unter diesen Umständen erklärt es sich, dass der Zentralzettelbank ausser den Verhältnissen des offenen Marktes nur die Beachtung ihres Notencontingents übrig bleibt, und auch hierbei kann sich noch lange nicht die Möglichkeit einer fehlerhaften Diskontopolitik ausschliessen.

Aus dem bisher Erörterten ergiebt sich von selbst, dass die Höhe des Zinsfusses in einem Lande, das der metallischen Basis seiner Zirkulationsmittel entbehrt, der Willkür mehr als in Ländern mit Metallvaluta anheimgegeben und infolgedessen auch geringeren Schwankungen ausgesetzt ist; aber da für die Konkurrenz des ausländischen Kapitals der Zutritt zu dem den abgeschlossenen Charakter einer Währungsinsel tragenden Lande sehr erschwert, fast unmöglich ist, und somit der Weltmarkt seine ihm sonst eigene nivellierende Wirkung nicht üben kann, wird der Zinsfuss sich naturgemäss im Durchschnitt höher stellen müssen, ein Umstand, der gewisslich dem betreffenden Lande nie zum Vorteile gereichen kann.

Für die Richtigkeit dieser Ausführungen giebt die Geschichte der österreichischen Nationalbank unwiderlegliche Beweise an die Hand. Nach den vom General-

— 41 —

sekretär von Lucam[1]) aufgestellten Berechnungen ergiebt nämlich ein Vergleich mit den Zentralnotenbanken von England, Frankreich und Preussen für den Zeitraum vom 1. Januar 1863 bis 31. Dezember 1875 folgendes Bild: Es herrschte ein

Zinsfuss in Prozenten	Bank von England		Bank von Frankreich		Preussische Bank		Österr. Nationalbank	
	Wochen	Produkt d. Wochen u. Prozente	Wochen	Produkt d. Wochen u. Prozente	Wochen	Produkt d. Wochen u. Prozente	Wochen	Produkt d. Wochen u. Prozente
2	87	174	—	—	—	—	—	—
$2^1/_4$	4	9	—	—	—	—	—	—
$2^1/_2$	61	152,5	$163^3/_7$	408,57	—	—	—	—
3	$141^2/_7$	423,855	$57^1/_7$	171,426	—	—	—	—
$3^1/_2$	$78^5/_7$	275,499	$29^4/_7$	103,498	—	—	—	—
4	100	400	134	536	$388^2/_7$	1553,140	$141^4/_7$	566,284
$4^1/_2$	28	126	23	103,5	$50^3/_7$	226,926	$57^6/_7$	260,356
5	$34^6/_7$	174,285	142	710	$143^2/_7$	716,425	$386^6/_7$	1934,285
$5^1/_2$	3	16,5	—	—	—	—	—	—
6	$54^6/_7$	329,142	95	570	52	312	87	522
$6^1/_2$	—	—	—	—	—	—	5	32,5
7	$34^1/_7$	238,994	$29^4/_7$	206,997	30	210	—	—
8	$24^5/_7$	197,712	$4^4/_7$	56,568	$5^2/_7$	42,280	—	—
9	13	117	—	—	9	81	—	—
10	$13^5/_7$	137,142	—	—	—	—	—	—
	$678^2/_7$	2771,629	$678^2/_7$	2846,559	$678^2/_7$	3141,771	$678^2/_7$	3315,425
Durchschnitts-Zinsfuss 1863—1875	4,086 %		4,197 %		4,632 %		4,888 %	

In der That eine unwiderlegliche beredte Sprache der Ziffern. Es ergiebt sich daraus nicht allein, dass der durchschnittliche Zinssatz bei der Nationalbank am höchsten war, sondern auch, dass seine Schwankungen nach Zahl und Intensität bei einer Oscillationsgrenze von nur $2^1/_2$ Prozent weit hinter denen der andern Banken zurückbleiben. Zu letzterem Umstand liegt aber der Grund in der der österreichischen Zentralzettelbank eigenen Macht, sich der Uneinlöslichkeit ihrer Noten wegen von den reellen Weltmarktsverhältnissen emanzipieren zu können, wofür auch Ereignisse aus neuester Zeit ein gutes Beispiel liefern. Als im Herbst 1898 wegen vehement auftretender

---

[1]) „Die österr. Nationalbank während der Dauer ihres dritten Privilegiums." 1876.

Geldknappheit die Bank von England sich genötigt sah, ihren Diskontsatz zu erhöhen und die Notenbanken des Continents diesem Vorbilde notgedrungen folgen mussten, war Oesterreich wiederum derjenige Staat, der es sich gestatten konnte, damit ohne Gefahr sich Zeit zu lassen, bis die Ueberschreitung des Notencontingents zu solchem Schritte mahnte. Am 13. Oktober entschloss sich endlich der Generalrat, die Bankrate um $^1/_2$ Prozent zu erhöhen, wiewohl der Generalsekretär sich auch dann noch mit aller Entschiedenheit für die Beibehaltung des seit $2^1/_2$ Jahren behaupteten 4 prozentigen Zinsfusses einsetzte. Man sieht, Oesterreich-Ungarn hat sich auch in den letztverflossenen Jahren bezüglich seiner Politik als der konservativste Staat, konservativer noch als Frankreich gezeigt, wiewohl es mittlerweile Epochen gegeben hat, in denen das deutsche Reich die Bankrate bis auf 6 Prozent erhöhte.

Was nun die Wahl der Zeitpunkte für die seit Sistierung der Barzahlungen vorgenommenen Diskontveränderungen betrifft, so möchten wir uns dahin aussprechen, dass die Nationalbank hierin nicht in jedem Falle besonderes Geschick gezeigt hat. So z. B. müssen wir uns zu Wagners Ansicht bekennen, der die im Februar 1862 erfolgte Herabsetzung des Diskonts als fehlerhaft tadelt und dies damit motiviert, dass durch solche Massregel die Nachfrage nach Credit bei der Bank erhöht wurde und damit eine Vermehrung der Notenmenge Hand in Hand ging, die ihrerseits wiederum eine Erhöhung des damals an sich sehr hohen Disagios wahrscheinlich machte. Dieser Umstand aber war nur zu sehr geeignet, den damaligen ernsten Anstrengungen zur Herstellung geordneter Geldverhältnisse entgegenzuarbeiten, und aus diesem Grunde hätte sich die Bankleitung hüten sollen, durch Zinsfussherabsetzung einem auf den Wert der Noten ungünstig wirkenden Moment Vorschub zu leisten.

Ebensowenig aber wird man die auf dem „Isolirschemel des Zwangskurses" im Jahre 1871 beobachtete Haltung der Bankverwaltung billigen können. Hier hat sie, ohne durch den im vorigen Beispiel angegebenen Grund beeinflusst zu sein, den Zinsfuss nicht erhöht, sondern nach und nach einen immer geringeren Teil der ihr angebotenen Wechsel in Eskompt genommen, so dass schliesslich kaum noch Jemand darauf rechnen durfte, den „warmen Sonnenschein der banklichen Gnade" fühlen und bei Bedarf sein Portefeuille zu Geld machen zu können; gewiss eine Politik, die berechtigte Angriffe ausser Frage stellen musste, wenn man bedenkt, dass damals erste Firmen ihre durchaus guten Wechsel bei Privatdisconteuren nur durch Bewilligung von 15 bis 18 Prozent Zinsen zu placieren vermochten.

Um diesen Beispielen für unzweckmässige Gebahrung ein drittes anzureihen, sei der Verhältnisse von 1892/93 gedacht, wo die Bank von der Erhöhung des Zinsfusses aller übrigen grossen Banken nicht tangiert zu werden schien, und doch hätte die Verschlechterung der ausländischen Wechselcourse und die Rückkehr des Goldagios bis auf 5 Prozent sie eines Besseren belehren sollen. Der Umstand, dass, als sie endlich am 5. 10. 93 sich zu einer Diskonterhöhung bequemte, der Wechselbestand und der Notenumlauf noch zunahm, während zugleich die Barreserve eine geringe Besserung erfuhr, beleuchtet zur Genüge, dass es längst geboten war, die Bankrate zu erhöhen, was der in den nachstehenden Zahlenangaben zu Tage tretende Rückgang der Notenreserve von 50 Millionen unbesteuerter auf $6\frac{1}{2}$ Millionen besteuerter noch deutlicher macht.

Jahr	Datum	Gesamt-barschaft	Gold	Noten	Wechsel-bestand	Nicht besteuerte Noten	Staats-noten	Zins-satz
				Millionen Gulden				
1892	7./4.	246	80	400	141	+ 49,999	—	4 %
1893	7./4.	295	120	468	173,8	+ 29,424	312	—
1893	7./8.	279	—	457	166	+ 23,819	—	—
1893	30./9.	277	115	495,6	193,8	+ 4,204	349	—
1893	5./10.	—	—	—	—	—	—	5 %
1893	7./10.	278,3	—	507,2	205,8	— 6,484	350,4	—

Damit seien unsere Detailbetrachtungen über die Zinsfusspolitik der österreichischen Nationalbank geschlossen, um uns nunmehr, ohne das eben besprochene Gebiet zu verlassen, der Beantwortung einer allgemeineren Frage zuzuwenden, nämlich: Ist für Oesterreich und Ungarn ein einheitlicher Zinsfuss vorteilhaft und gerecht, oder haben die Bestrebungen um Aufgabe der Gemeinsamkeit

Anspruch auf Anerkennung? Auftauchen sieht man diese Frage und ihre Erörterung zu einer Zeit, als sich Ungarn nach Vollendung seiner politischen Emanzipation mit allen Mitteln anstrengte, denselben Prozess auch auf dem Gebiete des Bank- und Geldwesens sich vollziehen zu lassen, worauf wir etwas näher einzugehen haben. Als Anlass hierzu diente ihm die aus der „80 Millionenschuld" des Staates resultierenden Entschädigungsansprüche der Nationalbank, deren Erledigung der ungarische Finanzminister ganz von den Schultern Oesterreichs getragen wissen wollte, während Oesterreich seinerseits nur den grösseren Teil dieser Schuld dem Debetkonto seiner Finanzen zuzuschreiben gewillt war. Diese im Jahre 1868 in die Erscheinung tretenden Differenzen der beiden Reichshälften wurden schliesslich zum Ausgangspunkte eines ernsten Konfliktes, dessen Erledigung von Ungarn absichtlich bis in die Mitte der 70er Jahre systematisch verschleppt wurde und, wie gesagt, in seinem Verlaufe deutlich erkennen liess, dass Transleithanien im Grunde den Schwerpunkt nicht in die blosse Entschädigungsfrage legte, sondern vielmehr die Verwirklichung separatistischer Tendenzen als Zielpunkt im Auge hatte. Dementsprechend waren auch die vorauszusehenden Ergebnisse der sechstägigen Verhandlungen, die im Jahre 1872, als die Nationalbank zur Reaktivierung ihrer Rechte klagbar geworden war und damit der ungarischen Gegenpartei die schärfsten Töne der Polemik entlockte, zum Projekte einer selbstständigen Ungarischen Eskompte- und Handelsbank und zur Repudiation aller mit der Bankfrage in Zusammenhang stehenden Verpflichtungen Ungarns führten, nachdem man sogar die Eventualität einer Liquidation der Nationalbank vielfach ventiliert hatte. Dass gedachtes Projekt nicht zur Ausführung gelangte, hat seinen Grund darin, dass der Bankstreit eine Beruhigung durch die Weltkrise vom ersten Semester 1873 fand, während welcher die Nationalbank hilfreich eingegriffen und Ungarn gelehrt hatte, alle Vorurteile zu überwinden und auch der österreichischen Nationalbank gegenüber Gerechtigkeit walten zu lassen.[1])

---

[1]) Neuwirth schreibt: „Inmitten der hoch und immer höher gehenden Wogen einer jammervollen Sündflut stand die österreichische

In den um diesen Streit gepflogenen Verhandlungen nun hatten die Gegner der Bank und Bankakte als beachtenswertes Moment in den Vordergrund gestellt, dass der einheitliche Zinsfuss der Bank den wirtschaftlichen Verhältnissen der beiden Reichshälften nicht gerecht werde. Damit hat es folgende Bewandnis: Es sind in Oesterreich-Ungarn freilich zwei verschiedenartige Wirtschaftsgebiete staatlich vereinigt, und deshalb ist es leicht erklärlich, dass diese dualistische Struktur des Reiches mit ihren Konsequenzen auf dem Gebiete des Bankwesens Anlass zur Unzufriedenheit der einen oder anderen Partei geben konnte. Während nämlich Oesterreich als Industriestaat einen ganz normalen Geldbedarf hat, leidet Transleithanien als in der Hauptsache Getreide exportierendes Land an Kapitalsarmut und es ergiebt sich hieraus, dass bei getrennten Banken diejenige Oesterreichs ihren Zinsfuss sehr mässig halten könnte, circa 1 Prozent mässiger als es ihn zu halten genötigt ist, so lange die Geldknappheit Ungarns ihn auf einen höheren Standpunkt zwingt.

Recht sachgemäss scheint uns diese Verhältnisse die Berliner Börsenzeitung gelegentlich der am 13. Oktober 1898 erfolgten Zinsfusserhöhung der österreich-ungarischen Bank zu besprechen, und wir lassen daher einen Teil dieser Ausführungen im Wortlaut folgen. Es heisst dort: „Im Grunde genommen handelte es sich (in der Sitzung des Generalrates) hier um einen Kampf der österreichischen und ungarischen Interessen. Oesterreich kann nicht gleichgiltig bleiben, wenn durch forcierte ungarische Wechseleinreichungen die Bank genötigt ist, das Notenkontingent zu überschreiten. Oesterreich hat ein Interesse daran, dass man den ungarischen Wechselreitern die Kreditgewährung nicht erleichtere durch einen billigen Zinsfuss, sondern ihnen im Gegenteile den Brotkorb durch die Verteuerung des Kredits höher hänge. Oesterreich muss sich auch sagen, dass ein niedriger Geldpreis leicht

---

Nationalbank als ein Wall da, an dem die Fluten des Misstrauens sich brachen; auf ihr ruhten trostvoll die Blicke aller Verzweifelten wie aller Gleichmütigen, sie war inmitten des allseitigen Kreditzusammenbruches nicht bloss die Retterin, sondern auch die einzig sichere Bewahrerin, schier die einzig Gesunde unter lauter Siechen".

dazu führen kann, dass heimisches Geld Verwertung im deutschen Nachbarreiche sucht und dass dadurch der Bildung eines Disagios Vorschub geleistet wird. Gerade entgegengesetzt liegt der Standpunkt Ungarns. Die Ungarischen Banken brauchen einen niedrigen Zinsfuss, damit sie ihre Pfandbriefe verkaufen können und einen billigen Zinsfuss brauchen auch die Landwirte, die ihr Getreide, das vorläufig keinen Markt hat, belehnen müssen. Ungarn hat auch keinen Grund, eine Verschlechterung der Wechselcourse aufzuhalten. Wenn in Folge der Ausströmung der Noten nach Deutschland ein Disagio sich bildet, um so besser für den Ungarischen Getreidehandel, denn schlechtes Geld bedeutet erhöhte Konkurrenzfähigkeit des ungarischen Weizens und erhöhte Exportmöglichkeit."

So die Berliner Börsenzeitung. Ganz ähnlicher Natur sind die Auslassungen Dr. Rud. Meyers über diese Materie in den von der Gesellschaft österreichischer Volkswirte gesammelten „Gutachten über die Fortführung der Valuta-Reform in Oesterreich", (1896) und man könnte sich mit der Art der Darlegungen über diese verschieden gearteten Verhältnisse recht einverstanden erklären, wenn dieser Autor sie nicht, ähnlich wie die Parlamentsredner von 1872, zum Ausgangspunkt für die Befürwortung des Projectes zweier selbständiger, für beide Reiche scharf getrennter Bankinstitute machte. Demgegenüber gilt es doch, Folgendes in's Auge zu fassen: Abgesehen davon, dass die damit erreichte Verschiedenheit des Zinsfusses, wenn sie auch den Verhältnissen des Innenverkehrs gerecht werden würde, doch zweifellos eine Bedrückung und Einengung des Verkehrs zwischen beiden politisch zusammengehörigen Wirtschaftsgebieten mit sich bringen müsste, so ist vor allen Dingen der Umstand in den Mittelpunkt der Erwägungen zu stellen, dass man in der Verwirklichung solcher separatistischer Tendenzen eine Lockerung der nationalen Bande und eine künstliche Schwächung des Gefühls der Zusammengehörigkeit beider Reichshälften sehen muss. Es hätte die Ausführung eines dahin zielenden Projectes in der That die Preisgabe eines der festesten Bindemittel und daher den grössten politischen Fehler zu bedeuten, zumal angesichts der verschiedenen Nationalitäten des polyglotten österreichischen Staates ein äusseres Zeichen der Zusammengehörigkeit sehr erwünscht erscheint und sich als solches die Zentralzettelbank mit ihrem Filialennetz und der einheitlichen Note sehr wirksam erweist. Als weiteres Moment gegen das Project getrennter Banken tritt hinzu, dass, wie wohl jetzt als allgemein zugestanden gilt, das centralistische System der Bankorganisation vom volkswirtschaftlichen Standpunkte aus nicht zu unterschätzende Vorzüge dadurch bietet, dass eine solche Centralbank als Regulator des ganzen Geldwesens die gesamte Funktion der Währung zu handhaben und zu überwachen hat und dieser Aufgabe um so eher gerecht werden kann, als sie bei Stockungen und Lücken in den Umlaufsmitteln dem Verkehr weit leichter Hülfen zu geben imstande ist wie kleine Banken, die in solchen Fällen durch gewaltsame Einziehung ihrer in ruhigen Zeiten verausgabten Mittel und dadurch gesteigertes Misstrauen die Stockung nur zu vergrössern geeignet sind. Alle diese Gesichtspunkte sind für uns bestimmend, dass wir uns für die Beibehaltung der Zentralbank, dieses „nicht genug zu schätzenden Erbteils der centralistisch-absolutistischen Epoche" erklären.

§ 5. Golderwerb.

Um ungefähr dieselbe Zeit, zu welcher der eben erörterte Bankstreit auf der Scene erschien, war es auch, als sich die Anfänge für eine andere Bewegung deutlich bemerkbar machten, das ist die starke Strömung der Goldwährungsgedanken, die aus mehr als einem Grunde volle Berechtigung beanspruchen konnten. Denn einmal musste man bei der Vorbereitung der Rückkehr zur Barzahlung mit der Thatsache rechnen, dass die inneren Verkehrsverhältnisse, die Höhe der Löhne und Lebensmittelpreise eine Gestaltung angenommen hatten, die denen der Westeuropäischen Staatenfamilie wenig nachstanden und deshalb die Circulation von Goldmünzen als wünschenswert erscheinen liessen; sodann forderten vor allen Dingen die Rücksichten auf die internationalen Beziehungen auf dem Gebiete des Handels und der Industrie gebieterisch die Einführung der Goldwährung; gab es doch kaum noch ein mit Oesterreich in lebhaften Verkehrsbeziehungen stehendes Land, dessen metallische Währungsbasis nicht Gold gewesen wäre oder das nicht doch seiner Einführung zusteuerte. Diese Rücksichten waren es, welche im Gesetz vom 24. December 1867 zu der Proclamation veranlassten: „Es werden den beiderseitigen Vertretungen baldigst gleichartige Vorlagen zur Einführung der Goldwährung gemacht werden, wobei die Grundsätze der Pariser Münz-Conferenz möglichst zur Geltung zu bringen sein werden". Sobald also damit die Einführung der Goldwährung gewissermassen axiomatisch geworden war, musste es der österreich-ungarischen Bank als dem ausführenden Organ der Reformen darauf ankommen, einen möglichst starken Fonds des neuen Währungsmetalls zu erwerben, und sie gab diesen Bestrebungen mit vielem Geschick rasch concrete Formen. Während sich laut Bilanz vom 31. Dezember 1870 in ihrem metallischen Besitz 112 902 253 fl. ö. W. in Silber und nur 1 424 922 fl. in Gold befanden, verstand es die Bank, in den Jahren 1871 und 1872, ohne besonderes Aufsehen zu erregen, einen bedeutenden Teil ihres Silbers und den grössten Teil ihrer Devisen gegen Gold umzutauschen, sodass die Schlussbilanz des Jahres 1872 bei einem Metallschatz von 142 933 328 fl. ö. W. die stattliche Summe von 69 403 958 fl. in Gold aufweisen konnte. Von diesem Zeitpunkt an aber erlitt diese Zahlenbewegung zu Gunsten der Goldzunahme eine bedeutende Stockung, ja schliesslich gänzlichen Stillstand, nachdem die Operationen erst in die Oeffentlichkeit gedrungen waren und die Anfang der 70er Jahre auftretende enorme Preisverschiebung auf dem Edelmetallmarkt hindernd in den Weg trat. Diese Momente in Verbindung mit der nicht ganz einwandsfreien Politik der Bankleitung machen es erklärlich, dass bis zum Jahre 1892 der Goldschatz eine wesentliche Vermehrung nicht erfahren und ebenso die Entäusserung des überflüssigen Sibers einen gedeihlichen Fortgang nicht genommen hat. Ja, der Bestand an letzterem stieg sogar infolge der fehlerhaften Aufrechterhaltung der freien Silberprägung und der damit hervorgerufenen grossen spekulativen Einfuhr des weissen Metalls bis in das Jahr 1879 um ein Bedeutendes. Jn diesem Punkte wird man billigerweise mit Max Wirth der Bankleitung den Vorwurf machen müssen, dass sie den zu einer Abstossung des Silbers günstigsten Augenblick unbenützt hat vorübergehen lassen; war doch während der Vorbereitung und kurz nach der Promulgation des zweiten verschärften Silbergesetzes in den vereinigten Staaten von Nordamerika im August 1890 der Silberpreis auf einige Zeit bis auf 54 Pence „per Unze stand." hinaufgeschnellt, um später wieder um 20 Pence zu fallen. Lediglich dem einseitigen Parteistandpunkte der Bankleitung, deren Person bedauerlicherweise an der Silberwährung hing, wird man es zuschreiben müssen, dass die Bank auf Grund der damaligen Unterlassungssünden heute an dem Ueberfluss von Silber krankt und kaum jemals sich wieder Gelegenheit finden dürfte, den Staat von diesem Uebelstande mit so wenig Verlust (derselbe wird auf 7 Millionen Gulden geschätzt) zu befreien, als es damals hätte geschehen können.

Einen neuen Stimulus erhielt die Erwerbung von Gold nach so langer Pause durch das mit dem 11. August 1892 erfolgte Inkrafttreten der Währungsgesetze, durch welche mit gleichzeitiger Einführung der neuen Kronenrechnung die Goldwährung statuiert und derselben eine Relation von $1 : 18^2/_9$ zu Grunde gelegt wurde, so dass nunmehr die Bank, das Ziel eines starken Goldfundamentes unverrückt im Auge, daran gehen konnte, eine forcierte Einlösung von Goldbarren, Goldsand, ausländischen und Handelsgoldmünzen zu dem statutenmässig fixierten Preise von 1638 Gulden für das Kilogramm Feingold, sowie eine starke Steigerung im Ankauf von Goldforderungen an das Ausland in Form von Devisen, Checks etc. unter Ausgabe von Banknoten Platz greifen zu lassen. Der Art der Inscenierung dieser Operationen wird das unbefangene Urteil nur seine volle Anerkennung zollen können, abgesehen davon, dass sich als Unterstützung eine zweite Quelle zur wirklichen Vermehrung des Goldbesitzes für die Bank durch das mit den beiderseitigen Finanzministerien geschlossene Uebereinkommen eröffnete, wonach letztere Gold in Form von Zwanzigkronenstücken, das zum grössten Teil aus der Effektuierung der zur Tilgung der schwebenden Schuld aufgenommenen Goldanleihen resultierte, bei der Bank erlegten und dieser dafür die gleichen Beträge in Banknoten und Silberguldenstücken zu dem Zwecke entnahmen, um damit den Gesamtbetrag der cirkulierenden Eingulden-Staatsnoten und einen Teil der fünf- und fünfzig Gulden Staatsnoten aus dem Verkehre zu ziehen. Denn die Beseitigung dieses Papiergeldes (Ende 1895 cirkulierten davon:

Einser   fl.   1 413 793
Fünfer   „   118 766 950
Fünfziger „   73 358 850),

hatte man richtig als das zunächst notwendige praktische Problem der Währungsreform ins Auge gefasst, und es muss in der That Wunder nehmen, dass M. Wirth, sich dieser Einsicht verschliessend, dafür eingetreten ist, die Hälfte der Staatsnoten beizubehalten, lediglich aus dem Grunde, weil er sich verspricht, dass dieser Kreditbehelf im Falle eines Krieges viel sicherer sei, wenn die Bevölkerung unausgesetzt an dieses Umlaufsmittel gewöhnt ist, als wenn der Staat erst dann es neu kreieren muss. Uns erscheint dieses Argument gegenüber der Gefahr zu geringfügig, als dass wir diesem Vorschlage zustimmen könnten, vielmehr stellen wir uns in diesem Punkte auf Seiten Ostersetzers,[1]) der mit folgender Begründung für gänzliche Einziehung der Staatsnoten spricht: „Auf das Ausland müsste ein stärkeres Quantum von unbedeckten Staatsnoten entschieden als ein Moment des Misstrauens wirken, zumal da unsere Währung schon so stark mit Kreditelementen durchsetzt ist. Mit der Einziehung von Staatsnoten sparen, hiesse um 5 Millionen jährlicher Zinsen willen das übrige Kapital von 200 Millionen und den Volkswohlstand, den Staatskredit dazu aufs Spiel setzen".

Dass man mit dem Erfolge der oben näher angegebenen Massnahmen zur Golderwerbung zufrieden sein konnte, geht aus der Bilanz vom 31. Dezember 1898

---

[1]) Die Aufnahme der Baarzahlungen und der Währungswechsel". Wien 1892.

hervor; hiernach betrug nämlich der Goldbesitz im Metallschatze 366 144 323 fl. ö. W., der Silberbesitz 123 943 968 fl. ö. W., sodass sich im Vergleich zu der gleichzeitigen Bilanz des Jahres 1891 eine Vermehrung des Goldschatzes um 286 810 419 fl. und eine Verminderung des Silberbesitzes um 42 653 361 fl. ergiebt, und die gleichsteigende Tendenz ergeben auch die in letzter Zeit ausgegebenen Bankausweise, was so lange als wünschenswert erscheinen muss, bis die durch das Gesetz vom April 1898 angeordnete vollständige Einziehung der Staatsnote und die Fundierung der Salinenscheine (heute ist ihr Betrag laut Notiz der Berliner Börsenzeitung vom 7. 12. 98 bis auf 50 Millionen herabgemindert), — die unerlässlichen Vorbedingungen zur Aufnahme der Barzahlungen — erreicht sein werden.

§ 6. Clearing- und Giroverkehr.

Ehe wir nun zur Erörterung dieses Schlusspunktes schreiten, erscheint es angebracht, noch einen Blick auf die in Oesterreich herrschenden Verhältnisse im Clearing- und Giroverkehr zu werfen, da diese Gebiete heut immer mehr an Bedeutung für die Abwickelung des volkswirtschaftlichen Zahlungsprozesses gewinnen und für Oesterreich-Ungarn eine um so grössere Beachtung verdienen, als die damit verbundene Barmittelersparnis das Experiment der Valutaregulirung in günstiger Weise zu lösen erleichtert. Aus diesem Grunde finden wir es als besonders bedauerlich, dass man die Entwickelung auf diesem Gebiete des Zahlungswesens gerade in Oesterreich als noch im embryonalen Zustand befindlich ansehen muss, während in den meisten anderen Grossstaaten sich hierin ein bedeutender Fortschritt bemerkbar macht, und man fragt sich vergeblich, warum in diesem Lande die von Seiten der Zentralzettelbank seit Mitte der 60er Jahre gemachten Anstrengungen von vornherein auf so wenig fruchtbaren Boden fielen.

Im Jahresbericht der österreichischen Nationalbank für 1864 teilte man den Aktionären mit, dass man in Gemeinschaft mit 3 hervorragenden Kreditinstituten versucht habe, in Wien conform den an anderen grossen Handelsplätzen befindlichen derartigen Einrichtungen unter dem Namen Clearinghouse eine Neuerung zu schaffen, die eine möglichst ökonomische Ausnutzung des flüssigen Kapitals und des umlaufenden Geldes zu gestatten im Stande sei. Die Bank hoffe, „dass die einsichtsvollen Geschäftskreise Wiens das begonnene Werk durch ihre rege Teilnahme weiter fördern werden." Dass sie sich mit dem Grade des gedeihlichen Fortschreitens ihres Unternehmens, das so segensreich hätte sein können, nicht zufriedengestellt sah, geht aus dem nächstjährigen Bericht hervor, in welchem die Bank mit scharfem, gegen die Geschäftswelt Wiens gerichteten Tadel, der an seiner Berechtigung leider auch heute noch nichts verloren hat, sich beklagt, dass die Nutzbarmachung des Clearingsystems auf allen Seiten der bedauerlichsten Indolenz begegne. Hierin konnte auch der im März 1872 ins Leben getretene „Wiener Saldirungsverein" und seine Nachbildungen in Budapest, Prag und Brünn wenig Wandel schaffen, denn ihren statistischen Ausweisen nach verharrt der Umsatz seit ihrer Gründung bis Mitte der 90er Jahre in völliger Stagnation, ebenso wie ihre Mitgliederzahl eine Zunahme kaum aufzuweisen hat. Noch heute besteht z. B. der Wiener Saldirungsverein aus nur 10 Mitgliedern, deren Beteiligung an den Einlieferungen in sehr ungleichem Masse und in sehr ungleicher Stellung stattfindet: die einen überwiegend als Gläubiger, die anderen als Schuldner, so dass die Chancen der Kompensation sehr herabgemindert werden.[1]) Die österreich-ungarische Bank und der Wiener Giro- und Kassenverein nehmen hierbei eine ganz überragende Stellung ein, was aus dem Umstande deutlich hervorgeht, dass diese beiden Institute im Jahre 1895 nicht weniger als 55,6 Prozent des gesammten Umsatzes auf sich vereinigten. Um die Beteiligung der österreich-ungarischen Bank nachzuweisen, lassen wir nachstehendes Zahlenbild folgen, das wir dem eben citierten vortrefflichen Werke entnehmen:

---

[1]) Dr. Rauchberg: „Der Clearing- und Giro-Verkehr in Oesterreich-Ungarn und im Auslande. Wien 1897."

Jahr	Passiv Posten		Activ Posten		Revirement	
	Stückzahl	Betrag in Tausenden Gulden ö. W.	Stückzahl	Betrag in Tausenden Gulden ö. W.	Stückzahl	Betrag in Tausenden Gulden ö.W.
1885	—	2 630	—	107 613	—	110 243
1886	—	1 465	—	137 612	—	139 077
1887	—	1 745	—	133 354	—	135 099
1888	660	2 345	23 173	133 207	23 833	135 552
1889	1 480	3 670	24 798	140 036	26 278	143 706
1890	1 782	4 173	30 793	178 405	32 575	182 578
1891	1 412	4 186	29 401	177 411	30 813	181 597
1892	1 878	6 033	29 145	130 444	26 023	136 477
1893	1 925	8 713	20 418	109 465	22 343	118 178
1894	2 107	8 544	21 766	126 535	23 873	135 079
1895	1 806	7 371	27 866	182 970	29 672	190 341
1896	1 821	5 970	25 145	186 215	26 966	192 185
1897	1 657	6 535	25 455	282 642	27 112	289 177
1898 [1])	1 894	14 794	33 390	315 725	35 284	330 519

Weitere statistische Angaben des Verfassers lassen keinen Zweifel, dass der Durchschnittsbetrag der einzelnen Papiere in stetem Wachsen begriffen und daraus zu erkennen ist, „dass die breiteren Schichten der Geschäftswelt den Zugang zum Clearinghouse noch nicht gefunden haben, und auch der Erfolg der Abrechnung, d. h. der Grad der erzielten Compensation, als sehr gering bezeichnet werden muss". Kaum der fünfte Teil der eingelieferten Beträge ist durch Abrechnung beglichen, das Uebrige auf das Giro-Conto der österreich-ungarischen Bank übertragen worden, und ganz ähnlich stellen sich die Berechnungen für die übrigen Saldierungs-Vereine.

Es hätte etwas Verlockendes, hier zum Vergleich das Zahlenmaterial der gleichartigen Organisationen anderer, mit grossen Zentral-Zettelbanken versehener Länder heranzuziehen, allein wir wollen uns im Hinblick auf Zweck und Umfang dieser Schrift darauf beschränken zu konstatieren, dass ein solcher Vergleich geradezu beschämend für Oesterreich-Ungarn ausfällt, selbst wenn man von den hier in Betracht kommenden Ländern nur das auf diesem

---

[1]) Die Daten für die drei letzten Jahre entnahm ich directen Mitteilungen des Herrn Friedrich Schmidt, Secretär der österreichungarischen Bank, für dessen freundliche Bemühungen verbindlichst zu danken mir angenehme Pflicht ist.

Gebiete in Anfangsstadien befindliche Deutschland zu einer zahlenmässigen Gegenüberstellung verwendet. Obgleich erst 1883 in Aktion getreten, konnte doch unser Clearinghouse schon 1895 eine Umsatzziffer von 21 284 826 Millionen Mark aufweisen und bewegt sich in progressiver Steigerung fort. Wir kommen somit zu dem freilich nicht sehr erfreulichen Resultate, dass, während man in allen andern Grossstaaten eifrig bemüht ist, für eine weitgehende Ausgestaltung dieser Art des Zahlungswesens wegen seiner anerkannten grossen Vorteile Sorge zu tragen und sich auch äusserst günstigen Erfolgen gegenüber sieht, nur die Geschäftswelt Oesterreich-Ungarns sich diesen Bestrebungen gegenüber dauernd passiv verhält, was um so mehr zu bedauern ist, als, wie schon bemerkt, die Umlaufsmittelverhältnisse hier ganz besonders einer Unterstützung von dieser Seite her bedürften und diese der ganzen Abwickelung der Valutaregulierung nur förderlich sein könnte.

Kaum zu trennen von der Besprechung der Verhältnisse des Saldierungswesens ist die Berücksichtigung des Giroverkehrs, zeigt er doch mit ersterem nach seinem ganzen Wesen und dem durch ihn erzeugten Nutzen der Barmittelersparnis ganz gleiche Symptome für den Wunsch nach intensivster Ausgestaltung und Erweiterung. Auf diesem Gebiete des wirtschaftlichen Zahlungsprozesses ist nun erfreulicherweise im Gegensatz zum eben behandelten Clearingverkehr eine kräftig aufwärtsstrebende Bewegung zu beobachten, vor allem, seitdem das Gesetz vom 21. Mai 1887, durch welches mit gleichzeitigem Bruch mit dem bisher bestandenen Systeme der direkten Kontingentierung die Bewegungsfreiheit der Bank eine wesentliche Nachhülfe erfuhr, die Vorbedingung zu einer Erweiterung der Giro-Einrichtungen nach dem bewährten Muster der deutschen Reichsbank als erfüllt erscheinen liess. Von diesem Zeitpunkt an datiert die Neuorganisation des gesamten Giroverkehrs, die gegenüber der früheren Organisation den Vorzug hat, dass sie nicht nur bei den beiden Bankhauptanstalten in Wien und Budapest einen lokalen Giroverkehr ermöglicht, sondern durch sie auch ein kostenfreier Zwischenverkehr zwischen sämtlichen Filialen der österreich-ungarischen Bank ins Leben trat. Dementsprechend ist die Zahl der Giro Conto-Inhaber in rascher Progression begriffen, wie nachstehende Tabelle zeigt:

Zahl der Conto-Inhaber.

Jahr	in Oesterreich	in Ungarn	im Ganzen
1888	312	327	639
1889	846	797	1643
1890	984	961	1945
1891	1145	1276	2421
1892	1277	1447	2724
1893	2169	1849	4018
1894	2438	1987	4425
1895	2587	2120	4707
1896	2660	2215	4875
1897	2670	2275	4945
1898	2676	2311	4987

Für die in diesen Zahlen gekennzeichnete sprungweise Vermehrung seit 1893 hat man wohl mit Rauchberg den Grund darin zu suchen, dass die Bank in diesem Jahre, indem hierbei wiederum die deutsche Reichsbank vorbildlich war, die Bestimmung traf, „dass Jeder, der bei der Bank Wechsel zum Eskompte einreichen will, in der Regel ein Giro-Conto bei der zuständigen Bankanstalt besitzen soll." In fast gleichem Verhältnis haben auch seitdem die Umsätze eine bedeutende Zunahme erfahren und zwar betrug:

Im Jahre	Das gesamte Giro-Revirement	Die Zunahme gegenüber dem Vorjahre
	Tausende Gulden ö. W.	
1888	3 044 618	—
1889	3 861 591	816 973
1890	4 476 617	615 026
1891	5 007 785	531 167
1892	5 261 543	253 758
1893	6 828 817	1 567 274
1894	7 049 522	220 705
1895	7 929 748	880 226
1896	7 941 388	11 640
1897	8 770 040	828 652
1898	9 867 118	1 097 078

Trotz dieser hiermit verdeutlichten raschen Vorwärtsbewegung bleibt uns doch nur zu konstatieren, dass auch ein Vergleich mit der Entwicklung der gleichen Organisation in Deutschland zeigt, wie weit zurück noch Oesterreich ist (Ende 1898 besass die deutsche Reichsbank 13 967 Conto-Inhaber mit einem Umsatz von 137,784 Millionen Mark), und dass auch von den technischen Vorteilen dieser Zahlungsorganisation die Geschäftswelt Oesterreich-Ungarns leider nur zu einem geringen Teile Gebrauch macht, wenngleich die Hauptschuld hieran dem Umstande zuzuschreiben sein wird, dass einer günstigeren Entwicklung die Thatsache im Wege stand, dass die Staatssparkasse mit der Bequemlichkeit ihres Clearing- und Giro-Verkehrs der gleichartigen Bankorganisation vorausgeeilt war und so der kaufmännischen Welt den Beitritt zum Giro-Verkehr der österreich-ungarischen Bank nicht dringlich erscheinen liess, zumal die Verzinslichkeit der Giro-Guthaben bei der Postsparkasse Vorteile zu bieten scheint, die namentlich für solche Kreise, deren Umsätze gering und deren Geschäftsführung eine „Bankverbindung" nicht durchaus erforderlich macht, massgebend sind. Wenn Dr. Lecher ausser diesen Gründen für die ungenügende Entwicklung des Giroverkehrs bei der Bank noch einen weiteren darin findet, dass jener Zahlungsmodus nicht zu unterschätzende Klarheit in die Kreditbeziehungen der daran beteiligten Firmen bringt, was vielen nicht erwünscht erscheine, so möchten wir dem entgegenhalten, dass dies ja in gleichem Masse auch für andere Länder zutrifft, in denen sich der Giro-Verkehr eines allgemeinen Zuspruches der Geschäftswelt erfreut.

Resümiert man nunmehr die bisher gewonnenen Ergebnisse zu einem Gesammturteil über die Entwickelung des Giro- und Clearingverkehrs, so ergiebt sich als Pointe die Thatsache, „dass es Oesterreich-Ungarn äusserst schwer fällt, sich von den primitiven geldwirtschaftlichen Formen zu emanzipieren und den kreditwirtschaftlichen Zahlungsorganisationen zum Siege zu verhelfen." Wenn auch gegen früher, namentlich bezüglich des Giro-Verkehrs eine bedeutende Wandlung zum Besseren nicht zu verkennen ist, so bleiben doch die Erfolge weit hinter den

Wünschen zurück und die aufrichtigen Bemühungen der österreich-ungarischen Bank und ihrer Freunde können sich bisher nicht in zufriedenstellender Weise belohnt sehen. Zwangsmassregeln wird die Regierung nicht anwenden können und dürfen, weil hierdurch leicht Misstrauen zu dieser rein auf Vertrauen basierenden Institution hervorgerufen und statt der Förderung eine Restringierung des Verkehrs erzielt werden könnte; aber jeder gute österreichische Patriot, der die Herstellung der Valuta, dieses Fundament einer geordneten gedeihlichen Finanz- und Volkswirtschaft, als erstrebenswertes Ziel ansieht, müsste nach Kräften bemüht sein, durch eigene Beteiligung ein Vorbild in der Förderung derjenigen Institutionen zu geben, die als ein Glied in jener Kette von Massnahmen erscheinen, durch welche die Aufnahme und Aufrechterhaltung der Barzahlungen gesichert werden soll. Hierzu gehört eben auch, dass sich die Geschäftskreise der neuen Situation möglichst schnell anpassen, die bei Aufnahme der Barzahlungen dadurch gegeben sein wird, „dass die Zentral-Zettelbank sich in ihrer Zinsfusspolitik wird von Grundsätzen leiten lassen müssen, die mehr die Erhaltung der Stabilität der Wechselkurse als die Befriedigung der Ansprüche des einheimischen Geldmarktes im Auge haben." Insofern ist es von grosser Bedeutung, dass sich die Geschäftswelt der Monarchie bei Zeiten daran gewöhnt, sich bei Regelung ihres Geldverkehrs derjenigen Formen von Abrechnungen und Ueberweisungen zu bedienen, die eine ausserordentliche Ersparnis an Umlaufsmitteln bedeuten und daher die durch eben angedeutete Bank-Politik eventuell notwendige Einschränkung im Geldbedürfnis weniger stark fühlbar machen werden.

§. 7. Aufnahme der Barzahlungen.

Damit gelangen wir zur Frage der Aufnahme der Barzahlungen selbst. Hier müssen wir zunächst konstatieren, dass man sich gänzlich ausser Stande sieht, den Zeitpunkt hierfür kalendarisch zu fixieren. Es wäre ein gewaltiger Irrtum, wollte man annehmen, dass derselbe mit dem Zeitpunkte der vollendeten gänzlichen Einziehung des Staatspapiergeldes ohne weiteres zusammenfallen könne. Man darf sich vielmehr mit der Mehrzahl der Währungsschriftsteller der Einsicht nicht verschliessen, dass die weiteren Massnahmen, die als Vorbereitung für die hochbedeutsame Aktion angesehen werden, weniger auf währungspolitischem als vielmehr auf wirtschaftspolitischem Gebiete liegen. Es muss nämlich neben den genannten als weitere notwendige Voraussetzung eine günstige Gestaltung der österreichischen Wechselkourse bezeichnet werden, und eine solche hängt wiederum fast ausschliesslich von der Entwickelung der Handels- resp. Zahlungsbilanz ab, auf die einzuwirken wegen der möglichen Ungunst der Witterungsverhältnisse, des Ausfalls der Ernten und wegen des Einflusses auswärtiger Verhältnisse nicht immer möglich sein wird, der man aber auf anderem Gebiete, durch Streben nach opferwilliger Verkehrspolitik[1]), „Hebung des Industrialienexportes, Stärkung der einheimischen Kapitalskraft und successive Verminderung der Verschuldung an das Ausland" gewisse Hülfen angedeihen lassen kann. Die Statistik der Waren-Ein- und Ausfuhr seit 1888 eröffnet freilich keinen allzu erfreulichen Blick in die Zukunft. Danach überstieg der Handelswert der Warenausfuhr den der Einfuhr

im Jahre 1888 um 195,7 Millionen fl.
„ „ 1889 „ 177,— „ „
„ „ 1890 „ 160,7 „ „
„ „ 1891 „ 173,8 „ „
„ „ 1892 „ 100,9 „ „
„ „ 1893 „ 135,7 „ „
„ „ 1894 „ 94,9 „ „
„ „ 1895 „ 15,— „ „
„ „ 1896 „ 56,9 „ „
„ „ 1897 „ 13,1 „ „

und für das Jahr 1898 ist sogar eine Passivsaldo der Handelsbilanz von 22,1 Millionen fl. zu konstatieren.

Diese wenigen Zahlen sagen mehr als viele Worte und zeigen, wo der Hebel anzusetzen ist, um eine Besserung anzubahnen. Es wäre ein va-banque-Spiel mit den

---

[1]) Schaffung neuer Staatsbahnverbindungen.

wichtigsten Interessen und die Gefahr einer Frustrierung der ganzen Valutaoperation nicht ausgeschlossen, wollte man dieser Zahlenbewegung zu Ungunsten Oesterreichs gleichgültig und unthätig zusehen. Der österreich-ungarischen Bank fällt hierbei die bedeutsame Rolle zu, mit ihrer Politik den Schwankungen der Wechselkurse nach oben entgegenzuarbeiten (nach unten ist durch die Relation eine Grenze gesetzt). Dass sie zur Erreichung dieses Zweckes Opfer nicht scheuen darf, ist selbstverständlich, und wenn man ihre Politik der Jahre 1892 bis 1898 daraufhin prüft und zusieht, wie oft sie bei den Operationen zur Golderwerbung das eigene Interesse als dividendentragendes Institut hintangesetzt hat, um ihrer volkswirtschaftlichen Mission zu genügen[1]) so darf man sich auch der Hoffnung hingeben, dass sie in Zukunft, vor allem in der schweren Zeit des Ueberganges zur Barzahlung, dieselbe weitausschauende Umsicht walten lassen und mit dem Bestreben, sich rückhaltlos in den Dienst des öffentlichen Interesses zu stellen, wesentlich dazu beitragen wird, dass Oesterreich-Ungarn wieder einen Platz in der Reihe der wirtschaftlich vollwichtigen Staaten finden wird.

---

[1]) Am 31. Mai 1897 hatte die Bank im Portefeuille und Lombard zusammen um 35,5 Millionen fl. weniger im Bestand als am 31. Mai 1896.

Litteratur.

Zugschwerdt. Das Bankwesen und die privilegierte österreichische Nationalbank. Wien 1855.
— — Die österreichische Nationalbank. Wien 1848.
A. Wagner. Die Herstellung der Nationalbank. Wien 1862.
Pacher. Zur Bank- und Währungsfrage in Oesterreich-Ungarn. Wien 1872.
Neuwirth. Bank und Valuta in Oesterreich-Ungarn 1862—1873. Leipzig 1874.
von Lucam. Die österreichische Nationalbank während der Dauer ihres dritten Privilegiums. Wien 1876.
Hertzka. Währung und Handel. Wien 1876.
Dorn. Die Erneuerung des Bankprivilegiums. Wien 1886.
Kramar. Das Papiergeld in Oesterreich seit 1848. Leipzig 1886.
Leonhardt. Die Verwaltung der österreich-ungarischen Bank 1878 bis 1885. Wien 1886.
Menger. Der Uebergang zur Goldwährung. Wien 1892.
v. Mecenseffy. Die Verwaltung der österreich-ungarischen Bank 1886—1895. Wien 1896.
Gesellschaft österreichischer Volkswirte. Gutachten über die Fortführung der Valuta-Reform in Oesterreich. Wien 1896.
Rosenthal. Die Bankfrage. Wien 1896.
Rauchberg. Der Clearing- und Giro-Verkehr in Oesterreich-Ungarn und im Auslande. Wien 1897.
v. Mecenseffy. Der Goldbesitz der österreich-ungarischen Bank. Wien 1897.
Menger. Beiträge zur Währungsfrage in Oesterreich-Ungarn. Jena 1892.
Ostersetzer. Währungswechsel und Aufnahme der Barzahlungen. Wien 1892.
Kleinwächter. Entwickelung des Geld- und Währungswesens in Oesterreich-Ungarn unter Kaiser Franz Joseph II. Czernowitz 1896.
Wirth. Bankwesen. Köln 1883.
Wagner. Kredit und Bankwesen. Tübingen 1889/90.
Knies. Das Geld. Berlin 1885.
Monatsausweise und Jahresberichte der österreich-ungarischen Bank.

Herrn Geh. Regierungsrat Professor Dr. Adolf Wagner für rege Teilnahme und freundliche Ratschläge bei vorliegender Arbeit meinen aufrichtigen Dank auszusprechen ist mir angenehme Pflicht.